女儿，你一定要学会保护自己

插图版

晓　丹◎著

天津出版传媒集团

天津科学技术出版社

图书在版编目（CIP）数据

女儿，你一定要学会保护自己：插图版 / 晓丹著

. -- 天津：天津科学技术出版社，2021.11

ISBN 978-7-5576-9664-1

Ⅰ. ①女… Ⅱ. ①晓… Ⅲ. ①女性－家庭教育 Ⅳ.

①G78

中国版本图书馆CIP数据核字(2021)第175565号

女儿，你一定要学会保护自己：插图版

NüER，NI YIDING YAO XUEHUI BAOHU ZIJI：CHATUBAN

责任编辑：吴文博

助理编辑：田 原

责任印制：兰 毅

出版： 天津出版传媒集团
天津科学技术出版社

地 址：天津市西康路35号

邮 编：300051

电 话：（022）23332377

网 址：www.tjkjcbs.com.cn

发 行：新华书店经销

印 刷：北京楠萍印刷有限公司

开本 880*1230 1/32 印张 7 字数 330 000

2021年11月第1版第1次印刷

定价：39.80元

女儿，你的平安是妈妈最大的心愿

女儿，从你出生到现在已有十几个年头了，在这十几年里妈妈见证了你的所有。现在，你已经长成一个亭亭玉立的大姑娘了，开始慢慢地挣脱妈妈的怀抱，逃离妈妈的呵护。不知怎么的妈妈最近尤为忧虑，也许是最近听说了挺多的女孩遇害的新闻吧。妈妈没有什么别的念头，只想你能够平平安安、健健康康的。

就像前段时间发生的留日大学生事件：丽娜是一名留日大学生，一天晚上接到舍友的电话，希望自己可以到车站去接她回家。丽娜于是赶到车站接回舍友，但是在抵达居住的公寓楼的时候，舍友的前男友等在公寓楼前，三人发生了争辩。随后丽娜叫舍友先回房间，自己与这名男子辩论，并挡着这名男子不许其进屋。接着舍友和邻居听到了尖叫声，出来一看，丽娜倒在走廊里，脖子被刺数刀，直冒鲜血。警察赶到后将丽娜立即送往医院，但是因为失血过多，没能挽回她的生命。

还有不久前发生的浙大女生遇害事件：浙大女生小敏曾约同学一起在杭州城西银泰吃饭，可到了约定时间，同学联系小敏，对方微信、电话均没有回应。三日后凌晨，杭州警方通报显示，确认失联多日的小敏在莲花峰山顶悬崖落坡下被发现，但已无生命体征。嫌疑人在广西壮族自治区桂林市全州县被抓获。最终杭州市人民检察院依法以涉嫌故意杀人罪、强制猥亵罪，对"浙大女生遇害案"犯罪嫌疑人批准逮捕。杭州市中级人民法院一审宣判"浙大女生遇害案"，被告人因犯故意杀人罪、强制猥亵罪被判处死刑，剥夺政治权利终身。

女儿，发生了太多的事情让妈妈非常心颤、害怕、担心，一个又一个的大好青春都随风而去。这个年纪本该是她们最好的年华，却也都成了一件件触目惊心和催人泪下的往事。作为妈妈，这些事情对我的触动太大。女儿，我只求你健康平安，其他的真的都不重要。

女孩都有阳光般的笑脸，就像含苞待放的花蕾；女孩也都有远大的理想，想拥有精彩的人生前程；女孩还有丰富细腻的情感，对未来怀有美好的期待……但由于其身心还不太成熟，或者是社会阅历比较少、经验不足，或者是青春性意识萌动、思想比较单纯，所以就容易轻信他人，从而让自己在不知不觉中遭遇意外状况，而在面对这些突发的意外状况时，一般会处于被动地位，或者因为害怕而不知所措，甚至还会因"硬拼""蛮干"而激怒坏人，最终让自己的身心受到伤害。

亲爱的女儿，在知道你即将降临这个世界的时候，妈妈的心里简直是说不出的开心、激动。初为人母，妈妈对你的样子有过很多的想象，不知道你将会是一个调皮捣蛋的小丫头，还是一个美丽安静的小公主；也会对你的未来有过些许憧憬，不知道长大后的你生活是幸福恬淡的，还是奔波飘摇的。这一切的想象，在每一个夜深人静的时候都会变成一份虔诚的祷告：女儿，妈妈希望你的一生都平平安安、健健康康。这些年你在妈妈无微不至的唠叨中已经长成一个大姑娘了，要开始走自己的路了。但妈妈内心的愿望还是从前那样，不求你样样优于别人，只求你健康、平安。

女儿，妈妈很开心你长大了，同时妈妈也很担心，因为你即将开始接触社会了。在这个时候，你要慢慢了解，有些危险已经悄然来临，需要你更加小心地保护自己不受伤害了。你要牢记前面两个真实的故事，要时时提醒自己，每时每刻都要保护好自己。

妈妈之前看过一篇文章，文章讲的是一个父亲经常对他的女儿说："儿女是父母上辈子的债主，这辈子是来讨债的。"其实不然，儿女不是来讨债的，儿女是父母幸福的来源。妈妈自从有了你之后才慢慢感觉到，与其说我们陪孩子成长，不如说是孩子陪我们慢慢变老；说是孩子离不开我们，其实是我们离不开孩子。儿女平安、健康、快乐地长大，才是每个父母最大的心愿。

　　最后，妈妈还有几句话要告诉你。女儿，妈妈希望你能够在任何情况下都要把生命安全放在第一位。首先你要做到的是树立一个自我保护的意识，而且需要你不断地强化；在你的成长过程中也要学会避免一些来自外界的伤害；还要注意你的心理健康，树立一个正确的价值观。最后妈妈希望你能做一枝带刺的玫瑰，安全而美丽地绽放。

目 录

第三章 不要迷失自己，社会比你想的要复杂

第一章

女儿，你的人身安全比什么都重要

自我保护意识比保护技巧更重要

女儿，当你呱呱坠地来到这个世界上时，迎接你的是灿烂的阳光和缤纷的爱。在你看来，花儿全都是红的，小树全都是绿的，天空永远是蔚蓝的。现在你是一个花季的少女，就像含苞待放的花骨朵儿，拥有美丽的梦想和迷人的微笑。但是你身心尚未成熟，骨子里还满满的是那一抹童真，容易受到外界的伤害。你要树立自我保护意识，在遇到紧急情况或迫害的时候才不会不知所措，也避免给你的心灵带来创伤。

欣欣是一个初中生，有一天，放学后欣欣和妈妈一起坐公交车回家，由于车上人比较多，上车后欣欣和妈妈被挤散了。不知啥时候，一个大约十七八岁的男生挤到了欣欣的旁边，这个男孩贴到了欣欣的身上开始做一些小动作。欣欣的自我保护意识还算比较强，一下子就反应了过来，她试图摆脱这个男孩子，车上比较挤，欣欣挪一步那个男孩子就跟一步。男孩子发现其他人没注意到他的行为，就更加肆无忌惮。欣欣拼命地挤到了妈妈的身边，男孩子可能发现了妈妈，就没再跟过来。过了很长时间，欣欣想起这件事还是很害怕。

女儿，这个故事是要告诉你，必须要树立自我保护意识，学会自我保护。当遇到一些突发事情的时候，你应当积极寻求帮助，如果不能及时得到这些力量的帮助，就要尽自己所能运用智慧来保护自己不受侵害。

亲爱的女儿，你这个年龄是人生的"花季"，但它同样是一个"雨季"。这是一个美好浪漫的时节，同时也是一个敏感多事的时节。你会发现你会在不知不觉中长大，在懵懵懂懂中关注着自己的变化。蓦然间，你会发现自己少了一

些儿时的稚气，多了几分成熟；少了些许欢乐，添了几分烦恼；少了些许盲目，多了几层思索。妈妈希望你在这个时节里能够了解自己、保护自己，增加些许快乐，减少些许烦恼，平平安安、顺顺利利地成长起来。

女儿，看着你慢慢地长大，妈妈的心里有一些喜悦，同时也开始慢慢地渗出一丝丝的担忧。你之前都在父母的呵护下，烂漫天真中成长。殊不知会有一缕缕的危险正在伴随着你的成长悄悄地袭来，在这时候你要开始慢慢地学会保护自己，保护自己的人身安全不受迫害。要知道，很多的危险都是可以依靠自我保护来避免的，而不是在遇到危险之后，依靠保护技巧来减少受伤害的程度。女儿，你应该让自我保护意识成为一种行为习惯，时时刻刻把自己的安全放到第一位。俄罗斯教育家乌申斯基说过：如果你养成好的习惯，你一辈子都享受不尽它的利息；如果你养成了坏的习惯，你一辈子都偿还不尽它的债务。

最后，妈妈送给你七条忠告：

1.晚上外出一定要结伴而行。不要过于打扮自己，衣服不要穿得太暴露，千万要记住不要过分轻浮张扬。如若是路途比较远，记住一定要爸妈接送。

2.外出的时候要随时和爸妈联系，不要随便在别人家过夜。

3.要注意周围的情况，尽量不要和陌生人搭话。如若有人纠缠要尽快向人多的地方靠近，必要的时候可以大声呼喊。

4.在与男生相处时，要保持空间距离。避免在封闭和安静的角落里会面，不得跨越友谊的界限，绝不做出有损自己尊严的事。

5.在外不可随便吃喝陌生人给的食物和饮品。

6.如果自己做错了事情，不要让它成为他人要挟、威胁你的把柄，要敢于承认错误，做一个坦荡的女孩子。

7.如若受到了伤害，要尽快告诉家长或者报警，切记不要因为害怕而延误时间丢失证据，让罪犯逍遥法外。

女儿，总之，妈妈希望你凡事多长个"心眼"，树立强烈的自我保护意识，遇事能避，处事不慌。在这个年纪里能够拥有更多的微笑与欢乐，健康、平安、快乐地度过你人生最为灿烂的花样年华。

在任何时候都要把生命安全放在第一位

女儿，昨天爸爸下班回来跟我说，他同事亲戚家的孩子跳楼了。就因为1000元。他们班里有个活动，这个孩子负责收钱，因为马虎大意，把钱弄丢了。老师并没责怪她，给她说调查后再处理。但是有的同学在背后说她贼喊捉贼，这孩子因为想不开，更想证明自己的清白，从楼上跳下去摔死了。虽然妈妈觉得有的同学做的不对，但是这个孩子用生命证明清白的方式，也是十分偏激的。

生命的珍贵，更在于它的独一无二性，试想在整个世界中，会有与你一模一样的人吗？会有与你完全相同的另一个吗？在这个世界里，永远都不会有任何别的人跟你一模一样；在整个无穷的未来时间里，也绝不会有另一个人像你一样。任何一个生命都是独特的，每一个生命都是特别重要的。生命对于我们的唯一性，形成了我们每个生命的独一无二性。妈妈希望你记住一点，不管遇到什么事情，生命都是第一位的。

小云是一名高中生，前段时间，妈妈给她换了一部新手机。这可是她恳求妈妈很久，妈妈才给她买的，她非常爱惜。最近学校要交学费，妈妈把钱放在了小云的背包里，并叮嘱她别丢了，不料却在路上发生了意外。就在小云经过树林的时候，突然有一个男人从后面冲出来，一把拽住了她的书包，把她拽进了树林，歹徒怕小云叫喊，死死地捂住了小云的嘴。这可把小云吓坏了，那个男人fal戴着墨镜和黑色口罩，根本看不清脸。只见那个男人一只手掐着小云的脖子，一只手就开始抢小云的手机，小云紧紧地攥着手机，不给他。男人便开始翻她的书包，看着男人拿走了学费，小云更加着急。由于不能说话，所以她拼命地挣扎，想要抢回学费。因为小云的挣扎，男人没有了耐性，狠狠地说："赶紧把东西给我，不然我就杀了你"，一听这话小云害怕了，松开了和劫匪抢钱的手，但是她仍然不愿意松开自己的手机。在撕扯之中，小云彻底激怒了歹徒，他从身后掏出一把匕首，狠狠地刺向了小云，拿着手机和钱，快速地逃跑了。

女儿你要记住，危险来临的时候，先不要衡量其他的价值，你首先要尽可能地保证自己的人身安全，多余的东西能

舍弃就舍弃，因为生命是1，而其他的都是0，没有了1，再多的0也没有用！

"生命"，一个多么鲜活的词语；"安全"，一个多么古老的话题；"幸福"一个多么美妙的境界。女儿：一人安全，全家幸福；生命至上，安全为天；安全第一，预防为主。生命只有在安全中才能永葆活力，幸福只有在安全中才能永具魅力。安全构筑了我们美好的家园，成为连接亲朋好友的纽带。在安全问题上，来不得半点麻痹和侥幸，在安全问题上，我们必须要防范在先、警惕在前，必须要警于思、合于规、慎于行；必须要树立高度的安全意识，人人讲安全，时时讲安全，事事讲安全；必须要筑起思想、行为和生命的安全长城。

女儿，可能你有些疑惑不解，妈妈给你总结了几个方面。

1.遭遇抢劫时。不管对方要什么，都给他！记住，钱财失去了可以再来，但是生命只有一次。一定不要激怒他，否则后果不堪设想。

2.当他人遇到危险时。比如有人溺水了，你一定要先考虑自己是否有能力救起对方，同时能保证自己的安全，如果不能，要想其他的应对方式。最好的方式就是报警或者寻求更加强有力的人的帮助。

3.被误会时。一定不要试图用生命向别人证明你的清白，第一时间报警或者给告诉父母。

4.当亲人、朋友遭到迫害时，你第一时间要做的是保全自己的生命，其次才是想办法救人，这不是自私，而是智慧，不计后果地救人是不理智的。

女儿，你要记住生命是无价的，每个人的生命都只有一次。在危险面前，特别是在当我们的人身安全和财产安全同时受到威胁的时候，人身安全才是最需要考虑的事。如果此时需要舍财保命，你必须毫不犹豫地选择生命，其他的情况也是同理。不管什么时候，都要把生命放在第一位。

跟你聊聊"心理健康"那些事儿

女儿，你最近不爱跟妈妈聊天了。以前放学回来，你总像一只小鸟在我耳边叽叽喳喳地讲着你在学校的一天，厨房总传出我们两人的欢声笑语，可最近你似乎"很忙"。妈妈想跟你聊天的时候，你总是拿着手机说："哎呀，跟你说你也不懂"。妈妈给你买的衣服你也说不好看，不是你喜欢的类型。有时我多叮嘱你几句，你也很不耐烦。最让妈妈担心的是，上次我们两个意见不合，你摔门就走了。这让妈妈很紧张，不知道从什么时候开始，我们无形之中拉开了一段距离，你不愿意让妈妈再走进你的世界，所以今天妈妈想跟你聊聊"心理健康"那些事儿。

安琪是个各方面都很优秀的女孩。从上小学开始，她就是班长，学习成绩一直名列前茅。家里的亲戚和邻居都知道安琪学习好，都拿安琪作为榜样教育自己家的孩子，安琪的父母也十分骄傲。安琪是个十分要强的孩子，甚至在学习上有些"用力过猛"。她从不允许别人超过她，进入初中之后，老师和家长都对她寄予厚望，因此安琪学习更加刻苦努力，她几乎把所有的时间和精力全部用在了学习上。刚开始，她取得了很好的成绩，可是后来有两次模拟考试没有发挥好，这让安琪一下子精神紧张了起来，她上课不能集中注意力，思想经常开小差。与此同时，她也给自己带来了超负荷的心理压力，她怕看到老师和家长期待的目光，一遇到考试就更加紧张，考试成绩就像一块大石头压在了安琪的心上，成绩每况愈下。

楠楠最近迷上了偶像剧，只要有时间就拿出手机看爱情剧，一边看一边幻想着这样浪漫的爱情能发生在自己身上。她越来越爱美，总想着在哪个转角能跟一个高高帅帅的男孩相遇。她经常去看学长打球，每次有学长看向她，她都很紧张，但是学长没有跟她搭讪她又很失望，不断质疑自己的外貌和吸引力。她开始学习偶像剧里的女主人公，她还经常玩聊天软件跟陌生人聊天，每一次她都觉得自己是电视剧里的女主角，把对方当成男主人公，每天都聊到很晚。没有得到良好睡眠的楠楠上课总是打瞌睡，老师也找楠楠谈话，让她不要把心思都放在打扮上。楠楠听后十分不快，觉得自己的

爱美之心没有错。因为楠楠痴迷偶像剧，班里的同学给她取了个外号叫"花痴"，这让楠楠十分没面子，她更觉得就是因为自己不好看才没有男孩子喜欢。原本活泼开朗的楠楠变得越来越自卑。

女儿，不管是安琪还是楠楠的问题，其实都是青春期非常常见的心理问题。遇到这些问题，如果得到及时的沟通和引导，都是可以很好解决的。沟通和引导固然重要，自身的内心强大也很重要。妈妈希望不管到什么时候，你都能做一个内心坚强的人。妈妈想给你几个忠告，希望你能记在心里。

心理健康对于一个人是非常重要的，它是一个人的生理、心理与社会处于相互协调的和谐状态，其特征如下。

1.智力正常：这是人们生活、学习、工作、劳动的最基本的心理条件。

2.情绪稳定与愉快：这是心理健康的重要标志，它表明一个人的中枢神经系统处于相对的平衡状态，意味着肌体功能的协调。一个心理健康的人，行为协调统一，其行为受意识的支配，思想与行为是统一协调的，并有自我控制能力。如果一个人的行为与思想相互矛盾，注意力不集中，思想混乱，语言支离破碎，做事杂乱无章，就应该进行心理调节。

3.良好的人际关系：人生活在社会中，就要善于与人友好相处，助人为乐，建立良好的人际关系。人的交往活动能反映人的心理健康状态，人与人之间正常的友好的交往不仅是维持心理健康的必备条件，也是获得心理健康的重要方法。

4.良好的适应能力：人生活在纷繁复杂、变化多端的大千世界里，一生中会遇到多种环境及变化，因此，一个人应当具有良好的适应能力。无论现实环境有什么变化，都要能够适应。

5.内省能力：人生本复杂，只有一个平静的心，不断内省自己的心态、行为，不断改进自身缺点，以无尘之雨洗涤心中的黑暗，才能立足于世。

成长中七种不健康心理

1.忧郁。由于种种原因，青少年会出现闷闷不乐、愁眉苦脸、沉默寡言的现象。如果长时期地处于这种状态，就应当予以充分重视。

2.狭隘。表现为斤斤计较，心胸太狭窄，不能容人也不理解别人。对小事也耿耿于怀，爱钻牛角尖。

3.嫉妒。当别人比自己好时，表现出不自然、不舒服甚至怀有敌意，更有甚者竟用打击、中伤手段来发泄内心的不满。

4.惊恐。对环境和事物有恐怖感，如怕针、怕暗、怕鬼怪。轻者心跳厉害、手发抖，重者睡不着觉、失眠、梦中惊叫等。

5.残暴。有点小事自己不快，便向别人发泄，摔摔打打骂骂咧咧，有的则以戏弄别人为自己开心，对别人冷嘲热讽，没有温暖之心。

6.敏感。即神经过敏，多疑，常常把别人无意中的话，不相干的动作当作对自己的轻视或嘲笑，为此而喜怒无常，情绪变化很大。

7.自卑。对自己缺乏信心，以为在各方面都不如人家，无论在学习上，还是在生活中，总把自己看得比别人低一等，抬不起头来。这种自卑严重影响了自己的情绪，对自己都缺乏情趣，压抑感太强。

安全意识需要不断强化

案例一：

小美是一名初二学生，父母经营着一个果园。这个周末学校开展学雷锋活动，活动结束了，小美邀请七位同学到自家果园玩儿，同学们都特别开心。他们来到了果园，看着树上红通通的果子，有一个同学因为好玩爬到了树上，树下的同学就指挥他摘果子。这个同学要这个果子，另一个同学要那个果子，树上那位同学也想在同学面前炫耀一下自己爬树的本领，有求必应。可是当去摘一个果子的时候，由于脚下的树枝太细了，"咔嚓"一声，这位同学就从树上重重地摔到地上。同学们都吓傻了，小美还算机灵，给爸爸打了电话，把这个同学送到医院。

案例二：

可可是一个"小书迷"，从小就喜欢看课外书籍，什么类型的都看，在班级里她也像个小老师，对同学们提出的"十万个为什么"总是对答如流。最近可可迷上了课外读物《安全知识手册》，并且还当起了小传播员，在教室扫除的时候，她会告诉女生，擦玻璃一定不可以站在没有窗户保护的一边；每当下课看到同学在上下楼梯打闹，她都会上前制止，告诉他们在楼梯上打闹是非常危险的。可可还曾经"救了同学一命"。有一天放学，可可到学校附近的奶茶店买奶茶，她拿着奶茶刚走出奶茶店，就看到一个同学正要过马路，而不远处一辆小汽车也飞快地驶过来。可可飞跑过去一把拽住她，两人摔在了马路边上，那辆汽车从两人身边呼啸而过。原来，同学只顾着和马路对面的朋友会合，而忽略了是红灯。还好可可动作快，避免了悲剧的发生，可可也因此得到了学校的表扬。

女儿，生命安全是妈妈跟你强调了无数次的重中之重，今天妈妈又要老话新谈，不要嫌妈妈唠叨，就让妈妈也当一次"传播员"，给大家讲讲哪些安全意识要继续强化！

第一，在这个变化万千、日益复杂的社会中，有意识地从小养成安全意识、自我保护意识和自我防范意识，做到未雨绸缪，还是很有必要的。现在的孩子单纯天真、好奇心、求知欲、模仿力等都很强，但他们的生活经验、社会阅历却又少之又少，因此危险常常随之相伴。所以从小学会一些必要的安全防范知识、安全意识，也是成长中不可缺少的、至关重要的。俗话说得好，"预则立，不预则废"，防患于未然！

第二，生活中潜在的不安全因素来自各个方面，比如出行、玩耍、煤气、水、电、雷雨、不法分子的抢劫、拐骗、欺辱，等等。因此在平时的日常生活，反复地告诉、提醒他们需要注意的问题，给他们讲述一些预防的方法，以及告诉他们如果发生意外时，应该采取怎样的措施来实现自救等。在不断的灌输中，这些安全防范常识会深深地在他们的心中扎根，相信这种润物细无声的方式，是防微杜渐的最佳策略，也相信他们一定会从中受益匪浅。

第三，在平时不断地给孩子灌输安全意识的同时，还可以结合电视或书刊杂志中报道的一些发生的真实案例，和孩子一起从中学习、吸取教训。面对真实的案例，孩子的触动一般比较大，孩子们会更加积极而用心地接受父母讲授的防范措施。妈妈可以结合案例，问问孩子案例中的人因为什么导致了悲剧的发生、怎样就可以避免、如果孩子遇到了这种事情的时候他会怎么办等，在循序渐进中启发孩子，让孩子不断加深安全的意识，并在孩子的回答中，及时纠正、补充，使孩子得到正确的、科学的防范措施。

第四，让女儿在不断的锻炼中，逐渐掌握多种生存技能。安全知识不是卷面的考试，而是要和生活真实对抗的。

我们不能让孩子由于"无知"而出现意外，更不能让孩子因"纸上谈兵"而当真正面对危险时却束手无措，导致悲剧的发生。因此，我们一定要使安全意识切实融入孩子的自身素质之中。请多教孩子一些生存技能，放手给孩子一些空间，让他们在生活中锻炼摸索，不断使自己完善。

第五，教女儿认识多种安全标志和交通标志。使孩子能够辨认这些标志的意义，并按照标志的指示行事。这也是生存的一种必要的技能。

第六，从小培养女儿分辨是非、善恶的能力，以防孩子受到不良影响。自我保护意识要深深扎入孩子们的心里，使孩子们不随便跟着陌生人走、不轻信陌生人的话、不要陌生人给的东西等，提高自我保护的警惕性。

第七，培养女儿的自控能力。孩子天性淘气。贪玩，贪吃、自控力差，因此，有时玩起来忘了安全，造成自己受伤或损伤别人，或控制不住自己，吃陌生人的东西而上当受骗。因此，妈妈平时要注意增强孩子的自控力。

做一只带刺的玫瑰，安全而美丽地绽放

艳若缤纷；

巧笑嫣然，

凛若冰霜；

都不及那抹璀璨。

玫瑰冷艳，却不及冷血，

身上的刺，

只是为了防避，

那足以让自己沦陷的危机。

带刺的玫瑰，

高贵却不潸人间，

冷暖自知，

却无人明白，

那已存在支离破碎

……

女儿，提起玫瑰，你印象里一定都是美好的吧，美丽、芬芳、浪漫、娇艳。可是，你知道吗，在它艳丽的外表下，

还隐藏着许多保护自己不被摘取的小刺，以防止别人的肆意摘取。所以我们称它为带刺的玫瑰。女儿，妈妈希望青春期的你除了收获丰富的知识也能成长成一枝美丽而又带着刺的玫瑰花，给别人带来芬芳的同时，也能保护好自己。

亚楠是一名高中生，是个爽朗、爱憎分明的女孩，亚楠在班里还有个外号，叫"带刺的玫瑰"。这还得从刚入学开始说起，那是刚上高一的时候，班级有一个很痞的男孩子喜欢上了亚楠。有一天他跟亚楠表白了，问亚楠愿不愿意做"大哥的女人"。亚楠觉得他十分可笑，转身就要走。没承想这个男孩子却一把拽住了她，亚楠觉得自己受到了侵犯。一把推开了男孩，眼神凌厉的仿佛能射出刀子来。亚楠狠狠地跟男孩说："因为我们是同学，所以我不想让你很难堪。但是我要明确地告诉你，我跟你想的那种女孩儿不一样，你不要再跟我提这件事儿，也不许再说让我当大哥的女人这种话，让别人误会我。"说完亚楠就转身离开了，男孩楞楞地留在原地，不一会儿男孩不怒反笑，原来亚楠是一枝"带刺的玫瑰"。不过自己还真被她的认真镇住了，男孩知道亚楠确实跟她以前接触的那些女孩不一样，打心里尊重她。再也不跟她开随便的玩笑了，也再没有提过想跟亚楠谈恋爱的事儿。亚楠"带刺的玫瑰"的外号也在班级里叫开了，不只在学校，亚楠有一次还在公交车上帮助了自己的同班女同学。

那天放学，亚楠跟同学一起坐公交车回家，那天车上的人很多。突然亚楠发现同学的脸色不太好看，往旁边一看才发现，有个男人眼睛紧紧地盯着同学的胸部。亚楠看着男人大声质问到："你在干吗！"男人听她一喊吓了一跳，亚楠掏出了手机就对着男人录像，一边录一边告诉自己的同学打电话报警。男人一听要报警，急忙辩解说，自己什么都没干，是亚楠看错了，趁机跑下了车。女孩十分感激亚楠，说自己都吓坏了，但是不敢说话，也不知道该怎么办。亚楠认真地跟同学说："在这种情况下，你不敢说话只会让坏人更变本加厉地欺负你，你必须得身上有些刺，才能保护自己不被伤害。"

女儿，玫瑰花很妖艳，很引人，总会被人一层一层地包裹着扎人的刺用来做制造浪漫的武器，他们只是看到表面的美丽与柔弱，时间久了也会忘记它其实是一枝带刺的玫瑰。有的时候女孩子太过于单纯、天真，可不是一件好事，这种童真只适合在父母的百般呵护与照顾的年龄，到了开始走向社会的时候就要擦亮眼睛去看待世界。你的善良是有原则和底线的，也是要有点锋芒的"刺"的，性格足够坚强、态度足够明显、心智足够坚定，要勇敢地对大千世界的纷杂诱惑说"no"。

女儿，越善良的女孩子，往往越不懂得拒绝别人。因为她们仁慈怜爱，看不得别人苦恼，听不得别人哀求，这就让坏人有了可乘之机。就像童话里说的白雪公主，美丽、善良、温柔、单纯，才会吃了王后化身老婆婆卖的毒苹果。如果你只是善良、单纯，没有防人之心，只会给其他人更多欺负、欺骗你的机会，几番之后就会更加变本加厉。不要以为他会无偿地给予，越是鲜艳的苹果才是最毒人的。所以女儿，你要记住，一张白纸比一张彩纸更容易被涂鸦；一朵普通的花永远比一朵带刺的玫瑰更容易被人采摘。

女儿，要做就做一枝带刺的玫瑰。要目光带刺，用敏锐的目光分清善恶；要行为带刺，用果断的行为将不当行为遏制在摇篮；要思想带刺，用辩证的思维清楚什么可以做、什么不可以做。就算你的善良像天使的泪光，纯洁、温暖、甘净、柔弱，也要做一枝带刺的玫瑰，仰望流泪，在荆棘密布里也要站稳脚跟，最后美丽的坚强一定会属于你。做一支带刺的玫瑰，安全而美丽地绽放。

一个对所有人都和颜悦色的人，总是很难交到真心的朋友。奇怪的是，当你变得有性格，不好惹时，反而更容易得到尊重。我们要努力开成一朵玫瑰，一朵盛开的芬芳的玫瑰，这才有人际交往的魅力。但是，我们又不能拔掉身上的刺，不要刻意讨好谁，也不要故意刺伤谁。我们的付出，只交给那些真正在乎自己、关心自己的人。我们有一份善心，但对方要配得上，我们才会付出。如果对方满怀敌意，我们也可以放出自己的刺。做朵"带刺的玫瑰"，别人付出真心，我们便以真心回报，别人虚情假意，我们也不必笑脸相迎，别人侵犯侮辱，我们更不必卑微讨好。退让不会换来对等的善意，没有原则的宽容，只会让一些人更加肆无忌惮。只有那些敢于建立原则和坚持底线的人，才能从人情社会中获得真正的自由。

一个人有了底线，有了原则，也就有了与人博弈的武器和筹码。懂道理的人，请靠近，不讲道理的人，请离开。"我有菩萨心肠，也有金刚手段。"弗洛伊德说："任何关系，我们都要敢于用愤怒守住自己的边界，人没有愤怒，就像一个国家没有武装。"一段经典式的爆发来自于《简·爱》，一朵盛放而又带刺的玫瑰："你以为我会无足轻重地留在这里吗？你以为我是一架没有感情的机器人吗？你以为我贫穷、低微、不美、渺小，我就没有灵魂，没有心吗？你想错了，我和你有一样多的灵魂，一样充实的心。如果上帝赐予我一点美，许多钱，我就要你难以离开我，就像我现在难以离开你一样。我现在不是以社会生活和习俗的准则和你说话，而是我的心灵同你的心灵讲话。"

女儿，妈妈愿你和世界上所有美丽善良的女孩子们一样，做那一枝带刺的玫瑰，我自悄然花开，我自怡然花落。

远离生活中的骗术

"有一天,我和好朋友佳佳去外边逛街,在天桥底下遇到一个算命的老头,一时兴起我们就去算命了。结果每当我们想听自己接下来的'命运'时,那个老头就让我们加钱。鬼使神差的我们把身上的钱都拿来算命了,结果回家一想才发现自己上当了。为什么当时我觉察不到自己被骗了呢?"这是妈妈同事的女儿身上发生的事情。

随着年龄的增长,你们身体发育虽然日渐成熟,但是涉世未深的你们,依然会被各种各样的骗术所迷惑,甚至失去应有的判断力和是非观。咱们先来听一听那些曾经被骗术所蒙住双眼的女孩的故事:

"有一天,我收到一条短信,上面写道:您好,你的朋友为你点播了一首周杰伦的《稻香》,以此表达她的思念和祝福,请您拨打XXX收听。当我真的打过去的时候,却发现什么都没有,而且当月我的话费消费特别快,后来我才知道自己被骗了。"

"平时大家都喜欢叫我'小胖妞',这更坚定了我减肥的决心，所以每当电视上或者网络上介绍一些能够减肥的药物、衣服、神奇机器之类的我就会央求爸妈给我买，结果到最后自己没变成瘦子，还浑身都不舒服，真是活受罪。"

"我的QQ消息上还有微博消息里有几次提醒我说中奖了，得知这个消息我特别兴奋。于是注册好账号想要领奖金，结果对方还要我先打钱，可是打完钱之后就再也没有消息了。现在，我才知道有好多人都和我一样中奖了，这根本就是一个骗局。"

……

女儿，现在诈骗广告、诈骗短信、诈骗中奖信息等充斥着我们的生活，别说涉世未深的你们难以抵挡，就是社会经验丰富的成年人也有不慎落入骗子圈套的时候。

事实上，现在的骗子十分厉害，什么样的骗术他们都能想得到，而对于缺乏社会经验，心思单纯，防范意识不强，对外界的警惕性不高，好奇心强的你们，更容易被坏人利用。

因此，女儿，不要被别人的花言巧语所迷惑，也不要怀着"天上掉馅饼砸我头上"的美梦，以免自己上当受骗。

下面妈妈给你讲一些应对各种骗术的方法：

占便宜的事不做

报纸上曾经刊登了这样一篇报道：

有一个上初二的女孩，在网络看到一个招收女模特的广告，广告里说：不限年龄、性别，只要你想做模特，就可以愿望成真。这个女孩怀着做模特的美梦就给这个广告上的地址寄去了自己的照片和详细信息。惴惴不安地等了几天，女孩收到了对方的来信，信上说她幸运地成为入选的前20名人员，如果继续参加，她就需要缴纳一定的费用。于是，兴奋至极的女孩缴了几百元的费用，可是以后再也联系不上这家公司了。

类似这种事情在生活里经常发生，而且无论骗子的手法多么荒诞和幼稚，偏偏就是有一些女孩上当受骗，她们以为自己被天上掉下的馅饼砸到了，于是面对金钱、名利的诱惑，她们做出了一系列错误的决定。

女儿，你要记住：天上没有馅饼，更没有不劳而获的"果实"。同时你也要明白：那些突然降临到你面前的大便宜，很可能就是一个"大陷阱"，你越是被它吸引，你上当受骗的概率就会越大，占便宜的事情千万不能做。

识别各种骗术的方法

一天，13岁的女儿突然兴冲冲地对妈妈说："妈妈我今天中大奖了。"妈妈疑惑地问："怎么回事？"女儿说她的微博消息上显示她成了一家网站某个活动的幸运用户，可以获得一台电脑，女儿还说她特意在网上查了这家网站，的确有举办这项活动。妈妈让女儿冷静一下，然后让她给这家网站的客服打电话，来核实一下自己是不是真的中奖。结果，对方告诉她受骗了，这根本不是他们公司发的信息。女儿听到这个消息很失望，但妈妈告诉她："这个不是你的运气，是骗子的计谋，下次再遇到这样的事情，一定要先核实信息，而且一定要去正规网站查询信息，因为现在的骗子太狡猾了，做什么都跟真的一样。"女儿听完妈妈的话点头表示同意。

上述事例中的妈妈正是采用了"重新核实法"来帮助女儿应对骗子的骗局的。除了这种方法之外，我们还有其他

识别骗术的方法。例如破绽发现法，很多骗术都是存在漏洞的，只要稍加分析和推理，就会发现很多破绽；苦肉计识别法，不要同情那些故意表现出不幸的人；表情洞察法，有些骗子的演技很拙劣，仔细观察那些人的表情，一旦有不自然的表现就果断拒绝他的要求。

第二章

安全重于泰山，正确处理校园内的意外状况

别让自己成为校园贷的牺牲品

女儿，妈妈昨天看新闻，说北京某高校的一名学生在吉林老家溺水而亡。家人发现她留下的遗书后，她的手机还不间断地收到各个校园贷平台威胁恐吓让她还款的信息。通过她家人介绍得知，她曾在多个校园借贷平台借"高利贷"，已累计达13万余元。其中一笔借款数额为1100元，一周后需还1600元，周利息高达500元！近年来，校园贷出事的案例比比皆是，所以今天妈妈就要跟你聊一聊：别让自己成为校园贷的牺牲者！

小关是一名大一新生，开学时因为没有及时把学费交上去，自己花掉了一部分，小关没敢跟父母说。凑不上学费的小关十分着急，听同学说校园贷只需要身份证和学生证就给放款。小关赶紧跟同学办了校园贷，每个月还款200到300元，生活费省吃俭用也能够还的上。一个月后小关发现同学们都有新手机，只有自己没有，有点儿丢人，为了买手机，体验到借钱方便的小关又继续从校园贷平台上买了新手机。加上之前未还的，小关每个月又得还500多。慢慢地小关的生活费已经支撑不了还款，怕家人知道的小关只能再去找其他的校园贷，在网上了解了更多的校园贷之后，小关又继续借了3800，到手3200。这时候，小关前前后后总共需要还的网贷就到了一万多！小关有些着急了，便想自己赚钱还债，小关在校外结识的朋友是做微商的，朋友跟小关说微商挣钱快，能够让他快速还清贷款。小关急中生乱，又继续借钱跟着朋友做了微商，没想到钱没挣到，新的贷款加以贷养贷的总金额却达到了2万多！过年回家的时候，忧心忡忡的小关被父母发现了端倪，在父母的逼问下，不敢全说的小关只坦白了8000。在父母的一再嘱咐下，小关拿着8000块钱还了一

部分贷款。但是每个月分期的账单还是没钱还，小关想尽各种办法还债。却又被主动来帮忙的"好心人"，骗走了5000多，这些钱都是小关找同学朋友借的！这时小关总共需要还的钱还是有2万多！还不上钱还不敢跟家里说的小关压力大到崩溃，这时催收人员的电话成了压死骆驼的最后一根稻草！那些人说已经拿到了小关的资料和通讯录，如果他再不还钱就通知他的家人他欠钱的事！小关被逼无奈，在寝室服药自杀了。

女儿，校园贷不仅影响学业，也会让家庭背上沉重的债务，多少像小关这样的学生因为无力偿还债务最终选择自杀，一个美好的生命因为校园贷而结束。所以你一定要远离校园贷！不做校园贷的牺牲品！

你也许会想，到底怎样做才能不遭到校园贷的毒手呢？

1.树立正确的价值观和消费观。妈妈希望你能够树立正确的价值观与消费观，不盲目攀比，不贪慕虚荣。作为一个学生，主要任务就是学习。每个人的家庭情况不同，消费能力也与之不同。你要时刻持有一颗平常心，不要为了和同学攀比就买一些完全没必要的东西。

2.拒绝超前消费。调查发现，因为校园贷而引发的恶性事情，没有一例是因为学生交不起学费或者没有生活费而去贷款的，更多的是因为盲目的超前消费。在很多女生那里，大部分费用花在了服饰、化妆品以及聚会娱乐上面。当生活费被消耗一空的时候，很多人并不能很快地从家长那里拿到钱，而且这样的消费习惯也并不想让父母看到，所以缺钱的时候借贷就成了他们的首选。

3.增强风险意识。业余时间一定要多学习投资和消费有关的金融知识，这样才能提高自己对非法网贷业务的识别能力。天上不会掉馅饼，看到宣传语中有"免费""打折""优惠""免息"这些词语，一定要谨慎。不要听信校园贷的宣传，涉世不深的你们容易被花言巧语所迷惑，所以一定要增强风险意识。如果贷款一旦遇到暴力催收时，要第一时间保留证据，不要害怕和恐惧，要学会用法律的武器来保护自己！

女儿，妈妈希望你能够慧眼识人，不要轻信广告中的网贷，也不要相信放款人员的游说。自己要有独立思考的能力，遇事不要慌张。一旦遇到金钱上的困难，一定要第一时间寻求爸爸妈妈的帮助。妈妈更希望你能从根源上杜绝校园贷！因为校园贷就是"校园害"！

用金钱能买来的友谊最终也会因金钱失去

女儿，听过这样一句话吗——"用金钱能买来的友谊最终也会因金钱失去"。是的，金钱不能成为朋友之间感情的纽带，如果有一天金钱失去了效用，友情也就不存在了。

肖肖是一个初三的学生，也是一个不善言辞，甚至有些害羞的女孩，朋友很少。可是最近一段时间，妈妈发现肖肖经常把"我的朋友"几个字挂在嘴边。最初妈妈还很高兴，认为女儿终于懂得结交朋友了。可是后来妈妈发现，肖肖的"朋友"都是靠她的零花钱得来的，比如肖肖经常借钱给她的"好姐妹"，还经常请客，这样一来她给妈妈要钱的次数也越来越频繁。妈妈不想肖肖这样交朋友，可是也不想肖肖因此失去朋友，这样的"友谊"对肖肖来说真的长久吗？

肖肖妈妈的担心不无道理，毕竟作为成年人来说，我们深知真正的友谊不是靠金钱来维持的，当然也没必要用金钱去检验友谊的深浅。

女儿，处于你们这个年龄的女孩还是未成年人，你们对待友谊的渴望往往导致错误地判断友谊与金钱的关系，甚至很多女孩认为金钱才是检验友谊的唯一标准。例如生活中时常会听到女孩们这样说："连钱都舍不得借给我的朋友根本不算我的朋友。"也有的会说："我发现给自己好友花钱之后，她们更愿意跟我玩，甚至还听我的话。"还有些女孩说："我要是在钱的方面表现得小气，朋友们就会冷落我。"

对友谊的渴望以及自身自信心不足的原因，导致你们在面对"友谊与金钱"的问题时，常常会感到无所适从或者采取了错误的应对方式。所以作为你们的父母，我们应该引导你们正确处理金钱与友谊的关系，帮助你们认清什么才是真正的友谊。

掌握一些处理"金钱与友谊"的方法

一位妈妈这样讲述了发生在女儿身上的事情：

我女儿上高一了，最近一到家就向我要钱："妈，给我100块钱。"我不解地说："这个月的生活费又不够了吗？"女儿说："我朋友遇到点事急需用钱，她不敢跟家里多要，所以我帮她凑一点。她说以后会慢慢还我。"结果半年过去了，女儿的那位朋友还没有还钱，女儿心里一直记挂着这件事情，可又不好意思跟同学要，甚至总是怀疑那位朋友当初是故意跟自己借钱，现在又"故意"忘记的，慢慢地她对那位朋友产生了隔膜和芥蒂。

其实，你们这个年龄的女孩都希望自己在他人心目中是一种正面形象，例如慷慨大方、善解人意、豪爽直率、值得信赖……所以为了获得这种"形象"，你们愿意用"金钱的付出"为自己加分，但同时也希望朋友也能这样对待你们。而一旦自己的期待失望，自己就会和好友之间产生问题，如果这种问题不能正确处理好，那么很可能因此失去朋友，甚至和朋友变成敌人。

因此，妈妈在这里告诉你一些处理"金钱与友谊"的

方法。

1.不要盲目地借钱给自己的朋友，同时也不要随便向同学借钱。

2.不要"打肿脸充胖子"请客吃饭，一定要根据自己实际的经济状况来消费。

3.当同学真的遇到困难时，也不要过于小气、吝啬，给予同学力所能及的帮助。

金钱不是友谊的试金石

女儿，金钱不是友谊的试金石，虽然说金钱可以在一定程度内检验朋友对你是不是真心，但那只是友谊标准中的一项。校园中，你所要拥有的真正友谊应该是这样的：彼此有共同的兴趣、价值观和道德观；自己身上有令朋友看重的优点，让朋友觉得自己很重要，值得信赖；能够发现朋友身上的优点，让你有一直结交的愿望；彼此能够真诚沟通，而不是只说一些"场面话"；即使伤害过，也懂得宽容、理解和忍让，并且仍然乐意与自己交往，这样的朋友才是真正的朋友……

不在同学或朋友家留宿

在一次"青少年问题咨询"座谈会上，一位妈妈讲述了这样一件事情：

我女儿上小学的时候还是个乖乖女，什么话都听我的。可是上了初中之后，她脾气见长，在家里看什么不顺眼都要发脾气，玩心也很重，放学回家很少温习功课。我知道孩子在叛逆期，所以也不太敢批评她。但是最近她越来越过分，经常在外边过夜不回家，周末更是看不到她。我如果阻止，她就先斩后奏。有一次，我气得去同学家找她回来，她赌气几天和我不说话。我真不知道拿这个孩子怎么办了。

女儿，处在青春期的你们，虽然还不完全成熟，但是对独立、自由的心理需求，以及对同伴相处的渴望，让你们逐渐从家庭中游离，更多地与同伴一起活动、交流，结交志趣相投的同学为知心朋友，你们无话不谈、形影不离，认为朋友比家庭对自己更重要，所以为了和好朋友更多时间在一起玩儿，经常有意无意地在外过夜。

不过，你们毕竟不是成年人，还没有完全独立，在很多方面还需要父母的指导和帮助，尤其是像"在外过夜"这种事情更应该慎重。因为你和朋友关系再好，但是对朋友的家人及周边的环境也不熟悉不了解，很容易让自己陷入危险之中。

　　燕子上高一了，结交了几个好朋友，脸上的笑容也多了。父母的教育方式一向很开明，她结交什么样的朋友父母也不反对，但是前提是她不能因此耽误学习。可是有一段时间，每个周末燕子总是找理由在外边过夜，说是和几个好朋友玩太晚，就在对方家里住下了。妈妈很担心，于是和她制定了外出协议。例如尽可能不在外过夜，如果非在外过夜绝不可以在男生家过夜，即使是在女同学家过夜也一定要把对

方的住址电话告诉妈妈，另外要保持和父母的畅通联络，最好睡觉前和早起时都给父母打个电话或者发个短信，等等。经过一段时间的实行，燕子不但对妈妈更加信任，而且在外过夜的次数也少了，如果有特殊事情晚上不能回家，她都会给妈妈讲明白理由。

女儿，这位妈妈的教育方式非常值得借鉴和学习。毕竟妈妈不能再把你们当成小孩子管教和过度保护。随着年龄、阅历的增长，你们应该学会怎么保护自己，怎么判定是非对错。

一天，苏岩的妈妈接到女儿好友丽丽妈妈打过来的电话。丽丽妈妈说："苏岩妈妈，你女儿在我家里，您把她接回家吧，两个孩子在一起太闹了。我本来刚刚整理的房间就让她们弄乱了，两个女孩子凑在一块儿立马就成了疯丫头，而且丽丽和苏岩一起玩根本没时间温习功课，两个人就知道聊天、看电视。你们家女儿还嫌弃我做的饭难吃。"听到丽丽妈妈抱怨的话，苏岩妈妈没想到女儿在家养成的臭毛病，去别人家也是这样，真是让妈妈有点难为情。

通常来说，大多数女孩儿在别人家里会收敛一些自己的脾气和坏毛病，甚至有的还会表现得乖巧、温顺。但是也有一些女孩毫不顾忌自己在别人眼中的形象，甚至在朋友家里也是我行我素，根本没有修养和素质。女儿，告诉你这个故事，就是让你知道，一个女孩子不管什么时候都要注意自己的言行举止，特别是去朋友家里，更要把自己好的一面展示给朋友的家人，给他们留下一个好印象。

遇到同学敲诈勒索怎么办

女儿，还记得木子阿姨家的小果果吗？木子阿姨跟妈妈说，最近她发现她们家果果的零花钱花得特别快，给她的零花钱放学回来就没了。木子阿姨觉得不对劲儿，一问才知道，有几个同学每天放学后向果果要钱，不给钱就吓唬果果，还不准她告诉父母和老师。果果因为害怕一直不敢告诉妈妈。庆幸木子阿姨发现得及时，并找到了老师和几个孩子的家长把事情解决了。木子阿姨也提醒我多关注你在学校的动态，所以今天妈妈就想跟你聊一聊，面对同学威胁、恐吓、向你索要钱财，你该怎么办？

案例一：

小菲是一名初中生，是个性格特别腼腆，特别胆小的女孩子。因为家离学校很远，为了上学方便，小菲只能住校。胆小的小菲最近就被高年级的三个男生盯上了，强迫小菲每周给他们一百元钱，还扬言不给就打她，吓唬小菲说如果她敢告诉父母就让她在学校待不下去。小菲的家庭条件不是很富裕，没有办法，就偷偷拿父母的钱给他们！可是他们要的越来越多。小菲实在没有办法，为了逃避勒索，小菲跟妈妈说不想上学了，这让父母十分不解，可任凭父母怎么问，小菲也不说原因，只是说不喜欢学校，小菲的父母没有办法，只好给小菲办了退学。

案例二：

小桐是一名中学生，父母都是做生意的，班里的同学都知道小桐从来不缺钱花，平时吃的用的也都是好的。有一天放学，小桐突然被同班的男同学拦下，说要"聊一聊"。小桐瞬间警惕起来，这个男同学平日里就调皮捣蛋，学习不认真还总是打架斗殴，总给老师添麻烦。他找自己聊一聊一定没什么好事儿，小桐说自己还有事儿要走，男同学伸手就把她拦了下来，还顺手从书包里掏出了一把折叠刀。男同学一边把玩着折叠刀，一边跟小桐说："我最近手头有点儿紧，你看看是不是应该给我拿点儿钱花呀。"看到男同学拿刀小桐有些害怕，她跟男同学说："我现在只有100元钱，都给你吧。"男同学看她乖乖听话十分满意，接过钱，恐吓小桐明天多带一些，小桐答应了。男同学突然靠近小桐说："我一直觉得你这手长得好看，你最好管住你的嘴，你要是敢告诉老师或者告诉你爸妈，我就把你的手指剁下来。"小桐听得胆战心惊，只想赶紧离开，好在男同学没有继续习难。小桐赶紧跑回家，跟父母说了这件事，父母听完第一时间给老师打了电话并报了警。并告诉小桐不必害怕，他们会全力处理好这个事情。

女儿，通过小菲和小桐的故事妈妈希望你明白，遇到同学恐吓、威胁、勒索，你最终的解决办法应该是既能保护好自己的人身安全，又不给自己增加新的负担。绝不能像小菲那样自己一个人死扛，而是要像小桐一样，先让自己脱离危

险，然后再想办法解决问题。下面妈妈和你讲讲遇到这种情况的应对方法。

首先要远离危险、保证自己的安全。面对这种情况最好的方式是"敬而远之"，也就是不主动去招惹，适当避开。

如果碰上势力强大的"小霸王"而又无法逃脱时，你可以先把钱物给他们，不要和他们发生正面冲突。事后，要赶快告诉老师和家长，情节严重的可以向警方报案。千万不能逆来顺受，受到勒索或者敲诈后依然忍气吞声。软弱的行为只会纵容他们，只会让这些不法分子觉得你好欺负，反而会让他们变本加厉继续欺负你。

女儿，被威胁、恐吓、勒索，这是属于很恶劣的校园霸凌行为，这并不是应该容忍的事情，你们要做的是应该主动为自己争取和平、安稳的学习环境，而不是懦弱地忍气吞声，任凭他人为所欲为。女儿，面对恐吓、威胁、勒索，你一定要记住一个解决问题的原则，那就是"迅速、坚强、灵活"，简单地说就是能够快速地反应过来，然后坚强地应对，最后灵活地处理各种情况。这样才能在爸爸妈妈不在你身边的时候，护自己周全。

一定要坚定地对老师的暴力说：NO

女儿，妈妈听邻居说一个女生被老师殴打了，听说挨打的女孩儿还是个品学兼优的好学生。因为老师要求全班同学的作业都要重做，女孩子不服气，小声嘀咕说："我做的全对还要重做呀？"引起了班里其他同学的不满。于是老师就当着全班同学，打了这个女孩一巴掌，还用书本敲女孩的头。妈妈听了也很生气，所以妈妈今天必须跟你聊一聊：在学校遭到老师暴力，你该怎么办？

小雅是一名初中生，从小就喜欢看文学方面的书，因此小雅的语文成绩一直很好。相反数学对小雅来说却是个大难题！小雅偏科十分严重，数学作业也完成得十分吃力。数学老师对小雅十分不满，总是在课堂上说有的同学拉低了班里的平均分，后来就直接在课堂上点名批评小雅，有的同学也跟着冷嘲热讽，这让小雅压力更大了。有一次模拟考试，数学题比往常还要难，班里数学好的也考得不是很理想，小雅更是考出了历史最低分，36分。这让数学老师十分愤怒，不光打小雅耳光，还让她拿着卷子当着全班同学的面作检讨。老师还说下次数学考试必须及格，否则会让她更难堪。小雅因为害怕父母责怪，也没敢告诉他们。很快就迎来了第二次模拟考试，小雅并没有达到老师的要求，老师拿尺子打了小雅的手心，把小雅的手都打肿了。晚上放学后父母发现小雅的伤，追问之下才知道孩子遭到了老师暴力，立即联系了校长。最终学校辞退了数学老师，并对小雅道了歉。

女儿，都说老师是辛勤的园丁，但是也会有一些老师教育不得法，以为"棒打"出成绩。中国"教师法"明确规定，体罚学生要给予处分或解聘，情节严重的要依法追究刑事责任，所以一旦遇见这样的情况，一定不要像小雅那样保持沉默，必须告诉爸爸妈妈。

面对暴力，妈妈从来不主张以暴制暴，妈妈希望你能用智慧去化解暴力，所以妈妈要告诉你几个面对暴力用智慧化解的办法。

1.暂时回避。面对老师暴力，你一定要冷静，不要和老师顶撞，这种情况下服软不是懦弱，而是保护自己的一种方式。如果有机会可以跑出教室，当事情还在能控制的范围就不用跑，但是一旦看到老师失控，一定要跑，不要傻站着让他打！

2.第一时间联系家长。遭到老师暴力一定要及时联系爸爸妈妈。

3.如果这种事情发生在你身上，你的心灵会受到巨大的伤害，会让你感到羞耻、痛苦和无助。对此，一定要做好心理准备，不要钻牛角尖，一定要向妈妈求助。

女儿，妈妈确实希望你有一个好的成绩，但是前提是你必须在一个安全且舒适的环境下学习，而不是被人拿着"鞭子"抽打着前进。你要记住，不管发生什么，爸爸妈妈永远都是你最坚强的后盾，没有任何人有权利伤害你。同时你也

要树立坚强的内心，驱走暴力带给你的影响。

杜绝攀比、炫耀的虚荣心

女儿，妈妈发现，最近你虚荣、攀比心理很严重，比如你看见了妈妈新买的口红，就希望我送给你；同学聚会的时候执意要背妈妈的包；多次提出让爸爸开车去接你放学……你越来越在意这些对于你而言的奢侈品，言语间也经常透露你同学买了新款手机，你也想换同样的手机等。妈妈觉得你越来越爱与人攀比了，所以今天妈妈想跟你谈谈虚荣心造成的危害。

小爽是班里备受追捧的"时尚先锋"。对于这个称号，她非常满意。她也特别喜欢这种高高在上，被同学追捧的感觉。之所以被封为"时尚先锋"，是因为不管出什么新款的手机和鞋子，她总是能第一个在同学圈里拥有，她从来不允许别人穿的用的比她好，只要同学买什么被她发现了，她一定要买个更好的。其实小爽的家庭并非很有钱，只不过她的父母对她特别溺爱，几乎是有求必应。尤其是爸爸，每次小爽一撒娇，爸爸便会给她买。小爽的妈妈总时会提醒爸爸不要太娇惯女儿，可是爸爸总是坚定地说"女儿要富着养"。

小爽最近跟妈妈发生了一些矛盾，因为小爽快过生日了，她跟爸爸说想办一个"生日party"。原来她跟同学们说爸爸要给自己办一个大的生日派对，邀请所有同学参加。看着同学们羡慕的眼神，小爽满足极了。但是却遭到了妈妈的反对，任凭小爽怎么哭闹，妈妈像就是不同意。小爽第二天觉得没脸去上学，便说身体不舒服没去上学，小爽趴在床上绞尽脑汁想办法，这时突然想到妈妈有一条金项链放在抽屉里，就把妈妈的项链卖了，用卖项链的钱开了一个生日派对。小爽的欲望不断扩大，想要的东西越来越多，每次妈妈不想给她买的时候，小爽都觉得很生气。有一天小爽玩手机的时候发现了"新大陆"，凭一张身份证和自己的照片就可以借到钱，这让小爽十分兴奋。她心想，我先花让我爸妈还，于是马上联系了借钱的人，借钱的人让她拍一个没穿衣服手持身份证的照片，并表示一定会保密的，小爽最初有些迟疑，但那人不断保证，再想想自己的全系列鞋子，她同意了对方的要求。拿到钱的小爽买了很多自己平时想买没钱买的东西。过了一段时间，平台开始催小爽还钱，小爽不知怎么跟爸爸妈妈说，就这样拖了几天。平台开始威胁小爽，再不还钱就把照片发给她的亲戚朋友，这可把小爽吓坏了。小爽一下子就懵了，请求再给她几天时间。

虽然爸爸妈妈极力凑钱帮她还债，而小爽因为受不了同学们的嘲笑变得忧郁至极。

女儿，妈妈就是想借这个故事告诉你，欲壑难填，人的欲望是无止境的，盲目的攀比，和他人炫耀，这种虚荣心真的能带来快乐吗？从心理学角度来说，虚荣、攀比是女孩的一种性格缺陷，是一种被扭曲了的自尊心，而这往往主要是由家庭原因造成的。很多父母习惯对女孩娇宠和溺爱，而这自然容易养成女孩虚荣、攀比的心态，致使她的欲望无限地膨胀。

物质带来的快乐终究是短暂的，真正的快乐应该是心灵上的富足，是精神上的愉悦，跟你背什么包，坐什么车毫无关系。小爽是拥有了物质的快乐，可是她的精神世界越来越空虚。

女儿，要想克服虚荣心，可以试试以下几个方法：

1.不追求品牌、名牌，不与人攀比。希望你能树立适度的消费观念。身体发育所需要的营养饮食，学习所需的有益书刊，这些才是适度的消费，而不是穿名牌鞋子，买名牌手机。你要保持一颗平常心，虽然这并不容易，但是只有以平常心面对一切，才能还自己一片宁静。

2.正确认识自己。正确认识自我就是指一个人对自我的认识要与自我的实际情况相符合。正确、全面认识自己的特点和长处，又要看到自己的缺点和不足。因为我们每个人的外在形象和内在素质都既有自己的优势，又有自己的不足，正所谓"金无足赤，人无完人"，我们每个人都有自己的缺点，但同时每个人也都有自己的闪光点。

3.要正确面对别人的评价。蚂蚁被万物嘲笑渺小，没有沮丧，从而练就一身力气；老虎被万兽赞美，没有骄傲，从

而占据山林；麻雀被鸡嘲笑丑陋，没有丧气，从而飞翔于天际。正确地对待外来的批评、赞美、嘲笑，才能成就自身。

女儿，考虑问题要从现实出发，做一个务实的人。遇到事情要仔细思考，不要盲目做出决定。生活的累，一半源于生存，另一半却来自于攀比。有些时候，适当地拒绝攀比，你会感觉更快乐。妈妈相信你只是一时虚荣，你一定会改掉虚荣、攀比的坏毛病！

要远离那些"不良少年"

女儿，还记得有一次妈妈去学校给你送东西吗？妈妈走出学校，看到几个学生，从穿着的校服看应该是你们学校的。几个男孩子手里都拿着烟，还有几个女孩子，脏话连篇，边走边打闹。其中一个男孩子挽着裤腿，好像腿上还有文身，衣服拉链拉到胸前，一副流里流气的样子。看到这些，妈妈非常担心，如果你结交了这样的朋友，会不会也变成这个样子。妈妈知道，一个人不可以没有朋友，但是，在结交朋友的事情上一定要慎重，避免交友不慎，受到伤害。

新闻报道，一名16岁的少女和另外几名未成年男女一起，在某单元房内聚众吸食冰毒和麻古。第二日清晨，这些未成年孩子吸完毒后各自回家，可是因为面色蜡黄，走起路来晃晃悠悠而正好被巡警看到，经过警方盘查，几名未成年少男少女交代了吸毒的经过。经过一系列的搜查和盘问，警方才发现，这些孩子大部分是在校学生，他们吸毒是为了好玩和刺激。而带领他们吸毒的是吴某，吴某因为没考上大学，在社会上结识了一些"坏朋友"，最后成了一个毒瘾少年，而这些中学生就是因为认识了吴某，也吸了毒，不但犯了罪也伤害了自己的身体。

女儿，"交友不慎"对于青少年来说影响很大，甚至会毁掉他的一生。因此，作为妈妈，必须帮助你增强自我保护意识，学会慎重交友。

有两个平时学习挺好的学生因为犯了偷窃罪被公安机关逮捕了，原来他们和一些社会上的不良青年交上了朋友，整天和这些朋友去网吧玩游戏，后来渐渐地开始逃学，把家长给的零用钱挥霍一空，没钱之后他们就开始想办法编谎话向家长要，由于需求越来越大，花的钱越来越多，于是这两个学生就在这些"朋友"的教唆下开始偷窃，他们在盗窃一辆电动车时被人发现，还送到了公安局。

女儿，俗话说得好，"鸟随鸾凤飞腾远，人伴贤良品自高""近朱者赤，近墨者黑"，跟什么样的人在一起你将成为什么样的人，所以妈妈之所以让你远离不良少年，就是不希望你像上面故事中的学生一样，因为接触了不良少年误入歧途，断送了自己的一生。

女儿，朋友对于一个人来说是非常重要的，交一个好的朋友会让你终身受益无穷，而交一个坏的朋友则会祸害终生，所以在交朋友时一定要慎重。什么样的朋友才是好的朋友呢？孔子说过："损者三友，益者三友。"

那么，什么是损者三友呢？

第一种，见风使舵、溜须拍马之人，他们往往会为了达到某种目的或是为了从你身上得到某种好处而对你谄媚逢迎。这种人毫无正直之心，没有是非原则，根本没有真心对你，只是为了获利。

第二种，那种当着面永远笑脸相迎、和颜悦色，可是背后却对你恶意诽谤，典型的两面三刀。这种人你一旦跟他交上朋友，以真诚的心对待他、帮助他，往往换来的却是背后说你的坏话，利用你对他的信任而谋取自己的私利。

第三种，那种只会说大话却从来不办实事的人。这种人天生一副伶牙俐齿，喜欢夸夸其谈，但是他只是说得好听，从来不在行动上付出。这几种朋友都是不良朋友，对他们要敬而远之。

那么，什么是益者三友呢？

第一种，为人正直、坦诚，从来不会对你谄媚逢迎，有什么就说什么，在你困难的时候会向你伸出援助之手，在你犹豫不决的时候会给你真诚的意见，这是一种能够影响你人格的好朋友。

第二种，那种为人诚恳、不虚伪的人，他绝不会为了利益出卖朋友，是有诚信的人，这样的朋友也是最值得你信任的。

第三种，见多识广、知识渊博的人，他能开拓你的眼界和思维，让你受益匪浅。

当你和一个人交朋友时不要光看他说了什么，而是要看他做了什么。但是别忘了，朋友之间是相互的，你只有付

出了才会有所收获，你只有真心对待朋友，朋友才会真心对待你。孟母之所以三迁，就是希望自己的孩子能够接触好的人和事，被好的人和事所影响，这足以证明了择良友的重要性，一个善良的朋友能将你带入天堂，一个不良的朋友却能将你拉下地狱。良禽都知道择木而栖，妈妈相信，你也一定能分辨善恶，多交良友，远离"不良少年"。

对校园暴力说"不"

女儿，有一天晚上你给妈妈打电话，说想家了。妈妈听着你的语气不太对，好像刚刚哭过。我问你怎么了，是不是挨欺负了？你说没有，说完就挂了电话。你是我的女儿，你的喜怒哀乐妈妈非常了解，听你的语气，妈妈觉得你一定是受了什么委屈。妈妈必须跟你说说"校园暴力"这件事！

闻宇是一名高中生。因为学业繁重，她选择了住校，很快她就搬进了新的寝室。李晶住在她的上铺，一开始两个人相处得还好，但是过了一段时间，闻宇发现李晶总是跟同寝室的几个女孩一起偷偷抽烟、喝酒，而且总是以住在上铺不方便为理由指使她干这干那。闻宇性格柔弱，也不敢说什么，有一次李晶跟她说："要我说，你就跟着我们混吧，我们都在一个寝室，跟我混，有事儿我罩着你。"闻宇支支吾吾地说："我不想混，我想好好学习。"自从她说完这句话，她的"苦日子"就来了，寝室里的所有卫生都是她一个人打扫，有时候李晶还让她打洗脚水，闻宇因为胆小，不敢反抗，一直忍受着。有一次，李晶晚上偷偷去网吧，每天回来得很晚，上课也没精打采。班主任不知道怎么知道了李晶去网吧的事，批评她。李晶认为是闻宇告诉老师的，回到宿舍，她强制闻宇跪在地上，并和另外几个室友轮流打闻宇耳光，手打累了就用脚踹。第二天老师发现闻宇没来上课，到寝室找闻宇的时候，发现闻宇割腕自杀了。幸亏老师发现得及时，把闻宇送到医院。虽然李晶等人受到了应有谴责和惩罚，但闻宇的身心受到的伤害是无法修复的。

女儿，闻宇的遭遇并非个别现象，近几年校园暴力频频发生，这种暴力行为一旦发生，不但给受害者身体带来创伤，更会给他们的心灵造成一生无法治愈的阴影。有人说"地狱空荡荡，恶魔在人间"。在妈妈的眼中，这些校园暴力的施暴者跟魔鬼没有区别。每个孩子都是妈妈的宝贝，却因为校园暴力被摧残、伤害，做家长的该有多么痛心！

女儿，面对校园暴力你该怎么办，该如何保护自己不受到伤害呢？妈妈告诉你一些需要注意的事情。

1.不早恋。许多校园暴力的起因是感情纠葛造成的，所以不早恋，就不会被卷入乱七八糟的纠葛中。

2.不拉帮结伙。拉帮结伙给人的感觉就有些挑衅，所以不拉帮结伙，不加入什么组织，就可以很大程度上避免校园暴力。

3.不参与打架斗殴。平时在学校里不要参与打架斗殴。

4.性格不能太懦弱。一般的人都会欺软怕硬，不要给别人一种你可以随便欺负的印象，你要给她们一种警示，我不惹事儿，但是我也不怕事儿。

5.不要过度"孤傲"。特别高傲、孤僻，会让别人认为你瞧不起他人，给他人带来反感。有个性也要适当注意一下

自己的姿态，不然就容易引发"仇恨"，招来校园暴力。

6.慎重交友。就如上面说的，不要和"不良少年"交朋友。

7.遇事要保持冷静，不要惊慌。如果遇到事情，一定不要惊慌失措，要想办法脱身或身路人求助。

8.放学后要结伴而行，尽量不要独来独往。

9.遇到校园暴力，事后一定要告诉家长，不要因为害怕报复而隐瞒。不给坏人第二次伤害你的机会，也让这些人受到应有的惩罚。

女儿，有时候鞋子脏了是因为走的路不干净，所以校园暴力这件事，一定要先从自己身上找原因，因为我们永远控制不了别人，所以我们只能选择控制自己。记住妈妈给你的忠告，彻底远离校园暴力，树立强大的内心，保护自己的人身安全！

规范言行举止，享受校园生活

女儿，有一次我们一家去吃饭，不知道你有没有注意到邻桌的女孩。妈妈记得特别清楚，因为在服务员帮她们上菜的时候，她总是面带微笑地对服务员说声"谢谢"。她向服务员要餐巾纸的时候，也是说："麻烦您给我拿包餐巾纸，谢谢。"那一刻我觉得这个女孩特别可爱，这种可爱与外貌无关，而是因为她懂礼貌、知礼节而流露出的。

案例一：

曹军是一名学生，星期天曹军休息，爸爸决定开车带他去郊游。路上看到几个商贩在争吵，将摊位摆得乱七八糟，原本不宽的路更窄了。车开过不去，曹军爸爸只好停下来，可后面的车着急了，一个劲儿地按喇叭。曹军急了，气愤地说："这些人怎么这样呀，什么素质！"嘴里嘟囔着，就到方向盘上按了两下喇叭，谁料小贩不但没理他，还冲他嚷嚷："按什么按！有车了不起呀！"曹军非常生气，刚想下车和他们理论，爸爸拦住他说："儿子，你这样乱按喇叭本身就不对，你不尊重别人，别人怎么会尊重你呢！"说完爸爸便下车，走到那些商贩面前，诚恳地说："对不起啦各位师傅，我儿子年纪小，性子有点急，按了两下喇叭，实在是不好意思。"那几个人一听曹军爸爸这么说，反倒不好意思了，赶紧说："没事，没事，是我们不好，堵了路。我们现在就把东西搬到路边。"就这样，不一会儿，他们就把摊位挪到了路边。曹军和爸爸也顺利通过了，车开动时，曹军爸爸还按了两下喇叭向他们表示感谢。几个小贩也向曹军爸爸笑着挥了挥手，这件事情就这样被解决了。曹军也明白了，只要礼貌待人就没有什么矛盾是解决不了的。

案例二：

李雪是班里的尖子生，因为成绩优异，她十分傲慢自大。有时候碰到老师也装作没看到，昂着头走过去。同学跟

她打招呼，她更是毫无反应，直接傲气地走开，总觉得自己高人一等。有一次学校选举学生会主席，李雪觉得自己是最合适的，就报名参加了选举。参加选举的同学们中李雪是学习最好的，可是最后李雪却落选了。原因很简单，就是同学们都很讨厌李雪，认为她太骄傲，太目中无人。同学们都不投她的票。

女儿，懂礼貌的人就像是冬天里的一束暖阳，温暖着别人的心。而不懂礼貌的人如同一把冰刺，即能冰冷人心也能刺伤人身。所以妈妈希望你能成为别人生活中的一束光，温暖而又美好。

女儿，妈妈给你列举几个生活中最基本也是最容易被你们忽略的礼节，希望你把它们运用到你的生活中。

1.说话中的礼貌。平时看到长辈和老师要主动问好，并要尊称"您"。需要别人帮助要说"请"或者"麻烦"，帮完忙之后也要道谢。同学、朋友之间也应该礼貌说话，不要言语过激或者爆粗话。

2.友善共相处，热情礼相待。对父母、亲人、老师、同学态度要友善、真诚，守时守信，不弄虚作假。对来宾、客人热诚相待，回答问题大方得体、知无不言、不卑不亢。

3.以礼待人，以节示人。公共场所要主动排队，不插队，不推撞，不起哄，互相礼让，井然有序才能提高效率。走廊、楼梯上要主动留道给他人通过，不在通道上聚集、玩闹。他人物品不随意拿用、翻阅，这不仅是对他人的尊重，也是对自己的一种保护。

4.去别人家做客要讲礼节。如果去别人家做客，一定不可以随便翻主人家的东西，不要大声喧哗，举止要得体，行为要收敛，遇事要说谢谢，走时要再见。

有个女孩曾经写下了这样一段有意思的话：

女孩比男孩好，因为女孩闭着嘴巴吃东西；

女孩比男孩好，因为女孩不挖鼻孔；

女孩比男孩好，因为女孩的头发梳得更漂亮；

女孩比男孩好，因为女孩不会把房间弄脏；

女孩比男孩好，因为女孩看上去比男孩漂亮；

女孩比男孩好，因为女孩打喷嚏时会用手捂住嘴；

……

女儿，我们中国自古以来就是礼仪之邦，讲究的就是"仁义礼智信"。讲礼貌、懂礼节是我们正常生活和人际交往中的重要行为规范。语言是心灵的一扇窗户、一面镜子，能映出你的修养与文明程度。俗话说：良言一句三冬暖，恶语伤人六月寒。一个美丽的女孩子绝不是因为她穿着漂亮的裙子，涂着颜色亮丽的口红。而是因为她的一举一动、一言一行文明。

第三章

不要迷失自己，社会比你想的要复杂

对香烟、酒精说"不"

女儿，妈妈知道你喜欢交朋友。有一个假期，你到补习班上课，认识了好多新朋友，你喜欢把朋友带到家里。有一天妈妈下班回家，看到你朋友坐在沙发上吸烟，看到我回来她有点紧张，赶紧把烟掐灭了，你也很紧张，妈妈很欣慰的是你没有吸烟。但是，妈妈还是和你谈谈烟、酒的这些事儿！

案例一：

张岩是一名中学生，刚刚结束了期末考试。一想到暂时脱离了繁重的学习，张岩十分开心，便和同学们约着晚上找个地方放松一下，于是大家约定去酒吧"潇洒"一回。几人到酒吧之后，看到酒吧正在举行一个"三分钟喝完六杯鸡尾酒就免单500元"的活动。年轻气盛的张岩报了名。按照时间规定，张岩必须在三分钟内喝完6杯鸡尾酒，一旦超时就必须支付这6杯鸡尾酒的钱。活动还没正式开始，酒吧里就聚集了一群看热闹的人。而那位负责给张岩调酒的人一再向他说："如果你真的把这6杯酒喝完，以后我在别的地方看到你，我就喊你酒神。"一听这话，张岩更是鼓足了勇气。

同学们也一直在不断地为他加油打气，有些陌生人还拿出了手机准备记录下这"宝贵"的三分钟。挑战正式开始！一杯，两杯，三杯…就在他即将端起第六杯的时候，突然一阵恶心头晕，他不停地摆手，想放弃比赛。可是现场气氛异常火热，一个穿白衣的男子端起第六杯酒递向了他，虽然别人

都不知道他跟张岩说了些什么，但是张岩还是继续完成了第六杯。就在第六杯酒喝完以后，张岩一下子就倒在了地上。而他这沉重的一倒，就再也没有醒过来。一个正处大好年华的年轻人就这样死于"急性酒精中毒"！

案例二：

阳阳是一名高中生，平时经常参加校外活动，认识了很多社会上的闲散青年，他们都有一个共同的爱好——抽烟。这让不抽烟的阳阳觉得自己是个异类，一个是怕大家觉得自己不合群，再一个阳阳觉得抽烟很帅。于是阳阳也学起了抽烟，有一个周末，阳阳的父母不在家，阳阳拿出烟在屋里抽了起来，不一会儿同学来了电话，约小阳一起去打篮球，小阳顺手把烟按在烟灰缸里就跑了出去。他却不知道就这个动作惹了大祸，原来烟灰缸里还有一块手纸，小阳出去太着急，烟没有完全掐灭，点燃了手纸，引发了火灾。

女儿，妈妈不反对你交新的朋友，但是妈妈特别不喜欢你交存在这些不良习惯的朋友。你的心智还没成熟，也许你因为叛逆、好奇或彰显个性而吸烟、喝酒，这样不但养成了坏习惯，也伤害了你自己的身体。

专家认为，女孩子吸烟、喝酒并不是天生的，其主要成因还在于生活的环境。产生吸烟、喝酒的心理原因一般表现为以下几点。

1. 好奇心作祟：女孩好奇心强，看到别人吸烟、喝酒，自己便想亲自体验一回。

2. 模仿心理驱使：你们这个时期的女孩儿大多以成人自居，喜爱模仿。

3. 人际交往的需要：很多朋友圈要想融入就必须要学会吸烟、喝酒。

4. 叛逆心理作祟：很多青春期女孩对正面宣传产生逆反心理，大家越是不让吸烟、喝酒，她越是跃跃欲试。

5. 受到朋友的影响：女孩也很重姐妹义气、讲面子，朋友都吸烟，自己也不能"扫兴"，所以在你来我往中就吸上了。

6. 心理压力过大：中学时期女孩有很大的学习压力和生活压力，为了寻求解脱，希望借烟酒消愁。

7. 作为无聊时的"工具"：很多女孩在无聊、烦闷的时候，就希望抽支烟"解解闷""提提神"，结果久而久之就形成了一种坏习惯。

女儿，了解了造成女孩吸烟、喝酒的原因，你就要避开这些诱因，从其他方面解决遇到的问题。爸爸和妈妈不吸烟也不喝酒，就是因为我们知道吸烟喝酒对身体的危害，并且也想给你制造一个健康的生活环境。女儿，抽烟和喝酒除了给你的身体带来伤害，不能给你带来任何的好处。

在娱乐场所，女儿应这样保护自己

女儿，妈妈知道，爱玩本来就是每个孩子的天性，或许你们女孩儿的玩心没有男孩重，但是一旦进入青春期，原本听话的"小公主"也会在叛逆心理和好奇心的驱使下，对外边的世界充满期待和向往，尤其是那些充满诱惑的娱乐场所，更能引起你们女孩儿的兴趣。

但对于你们未成年的女孩们来说，娱乐场所毕竟不是你们可以经常光顾的地方，更何况娱乐场所里同样存在着未知的危险。

女儿，妈妈先给你讲一个故事：

一天，琳琳的好朋友邀她去酒吧玩儿，琳琳本来就对酒吧充满好奇，就非常痛快地答应了。当琳琳和朋友走进酒吧后，朋友把琳琳一个人留在吧台，和朋友到一边聊天去了。正当琳琳一个人无聊地环顾着四周时，一个长相帅气的大男孩走到琳琳旁边，递过来一个杯子，说是请琳琳喝饮料，琳琳看到这么出色的男生请她喝饮料，什么也没想就喝下去了。但是两三分钟之后，琳琳就感到一阵眩晕，还来不及说句话就晕了过去。幸亏琳琳的朋友及时将她叫醒，并送她回家，否则后果不堪设想。

　　女儿，像琳琳这种情况在现实生活中时有发生，电视、报纸、网络上都曾多次报道。所以，妈妈要告诉你在娱乐场所应该注意什么以及如何保护自己。

平时注意衣着装扮，和信任的朋友一起去娱乐场所

　　一位妈妈曾遇到这样一件事情：

　　出差回来的那天晚上，听老公说女儿去参加舞会了。没想到这丫头一回来就气呼呼地跑进自己的房间，我走进她的房间，看见穿着超短裙、化着浓妆的女儿已经哭成了"熊猫

眼"。我问她："不是参加舞会了吗？发生什么事情了，谁惹你了？"女儿抽抽噎噎地说："本来我和同学开开心心地参加完舞会回来，可是半路上有个喝醉酒的男人非说我是他女朋友，还要搂我，我说我不是，我还是个学生，他非说我穿得和他女朋友一样。呜呜，我以后再也不穿短裙子了。"

女儿，你们女孩子都爱漂亮，都希望穿上美丽的衣服成为人群中的焦点，但是去娱乐场所或舞会，妈妈还是告诫你尽量不要穿太短的裙子或暴露太多的衣服。

另外，如果一定要去酒吧、KTV 这类娱乐场所，妈妈除了叮嘱你不要穿太过暴露的衣着外，还要和值得信任的朋友一起去，并且尽量不要让自己落单。因为单独出现在娱乐场所或舞会的女孩最容易成为意图不轨的人的注意，也不要和陌生人在娱乐场所搭讪。

在娱乐场所不要食用别人递过来的食物、饮料等

一位妈妈痛心地讲述了关于女儿的事情：

我女儿上高二了，可我没想到她竟然染上了毒瘾。虽然正处于青春期的女儿叛逆了一些，也经常和我们吵架，但她从来不会做那些出格的事情。后来，我才知道，有一次她去参加了同学的生日聚会，当时参加聚会的人很复杂。大家一起玩儿的时候，一个校外的男生递给我女儿一支烟。女儿出于好奇，她接过烟吸了起来。没想到，那烟里竟放了毒品。

如果女儿当初没参加那个生日聚会就好了，可现在后悔也来不及了。

女儿，在娱乐场所里，并不是每一个人都存有善意，即使是朋友。所以，除了十分信任的朋友，别人递的烟、酒、饮料等都不要接受，不管他出于什么目的，都要婉言谢绝。

另外，不要让刚认识的朋友送自己回家，因为你并不了解对方，很可能会被对方暂时表现出来的善意所迷惑，以致让自己陷入危险之中。

谨言慎行，你已过了童言无忌的年龄

女儿，当你走出校门踏入社会的那一刻起，就意味着你所接触的人不再是父母、师长，不再是儿时的玩伴和同学，而是存在各种利益关系、竞争关系，这也就意味着你要开始面对社会中人与人之间激烈的竞争。或许你很想知道，为什么有的人在社会竞争中被弄得晕头转向、屡屡受挫，而有的人却能在社会竞争中游刃有余、实现梦想？其实原因很简单，只有四个字：谨言慎行。

刘烨大学毕业后在机关里做办事员，她是一个心直口快的人，每当别人就某件事情征求她的意见时，她也不管是在什么场合，总是"实话实说"，完全不考虑对方的感受。

有一天，同办公室的一个女同事穿了一件新衣服，大家都说衣服漂亮，而当这个女同事问刚刚进门的刘烨时，她回答说："姐姐，你身材太胖，衣服不适合你。"女同事一听眉头皱了一下，低声地说："是吗？"刘烨完全没有注意对方的情绪变化，继续说道："还有，这衣服的颜色你穿有点儿艳，不适合你的年龄。"这一下，刚才还兴致勃勃的女同事脸立刻沉了下来。结果不仅这个女同事觉得非常尴尬，刚刚大赞衣服不错的其他同事也备感尴尬。

事实上，刘烨只是直言相告，因为这个女同事的身材确实有些臃肿。可是在职场中，刘烨的"直言"往往会令周围的人很不舒服。久而久之，同事们把她排除在集体之外，有聚会时，大家很少会想到她。

如果小孩子说错了话，大人会说这是"童言无忌"，不与他们计较。因为小孩子不懂事，很多做人的规矩都不清楚，想到什么便说什么，他们不懂得在大脑中加工，不善于掩饰，凡事实话实说。但如果一个二十多岁的人说错了话，人们就不允许你用"童言无忌"为自己开脱了。因为二十多岁的人已经成年，已经有了自己的思想和思维方式，有了自己做人做事的态度。从他的言语或行动中，人们可以看到他的态度或思想。二十岁已经过了童言无忌的年龄，没有人再会为你幼稚的言语和鲁莽的行为埋单，因此你一定要懂得谨言慎行的处世道理。

王倩与张靓是一同进入公司的大学生，工作中两人积极努力，互相帮助，私下里的关系也很好，可是一次升职机会却破坏了她们的友谊。工作半年后，公司公布了一份升职名单，王倩榜上有名，很是高兴，但张靓因此心生忌妒，觉得自己并不比王倩差，一定是她背后耍手段了。于是，张靓就到处跟同事说王倩学历低、能力差，靠关系才升的职。王倩知道后很气愤，就在工作中处处为难张靓。就这样，两个人变成了公司里的一对冤家。

她们之间的矛盾很快就被上司知道了。对于任何一个上司来说，他都不会喜欢下属之间钩心斗角，而且她们已经影响到了整个团队的工作效率。于是，公司决定解雇张靓，而王倩也被降职。

　　办公室里的升迁调遣是最平常的事，作为朋友的张靓没有祝贺反而四处诋毁，而王倩面对张靓的猜疑没有以宽容之心面对却加以责难，使得她们的关系进一步破裂。可以说是她们欠考虑的言辞和不理智的举动让她们从好伙伴变成了冤家对头，她们也为此受到相应的惩罚。试想，如果王倩和张靓能够懂得谨言慎行的道理，也不会落得如此地步。

　　女儿，无论是在生活还是在工作中，在说话做事前一定要深思熟虑，做到"三思而后言，三思而后行"，切莫因一时口快，引致不快，也勿草率行事，制造不必要的麻烦。这里还有一点要说明，所谓"谨言慎行"并不是让人违心、虚伪、奸诈地迎合别人、钻空子、占便宜，而是希望在为人处世时，能够在善良、真诚、宽容的基础上，更加谨慎，拿捏好分寸，机智灵活地待人接物。

　　女儿，社会才是人生的大课堂，那些在学校课堂上学不到的东西，社会都会给你机会学习，但是千万不要忘记世事复杂，不要用你的天真来面对这个竞争激烈的世界。社会的任何活动都是有一定规则的，要想立足于社会，就必须遵守它的规则。从现在开始，不能再盲目地摸爬滚打了，多去了解和掌握社会的规则，有意识地把自己修炼成一个成熟、机敏、谨言慎行的人。

善良不等于好欺负，拒绝不等于不给面子

女儿，上次熊阿姨带着女儿果果来咱家玩儿，她们走的时候拿走了你刚买不久的香水，如果妈妈没记错，那是你勤工俭学给自己买的礼物，你非常喜欢那瓶香水，应该不是主动送给她的。你说是果果特别想要，你不好意思拒绝，就让她拿走了，妈妈知道你非常舍不得。所以女儿，今天妈妈就得跟你说说如何学会拒绝。一个不会拒绝他人的女孩很容易被别人左右，一个没有主见的女孩有时甚至会给自己带来危险。所以，学会拒绝对女孩来说也是一种快乐，可以不用勉强自己去做根本不想做的事情。

案例一：

李双是班里的语文课代表，写得一手好文章。最近，班里的"代写"火了起来，有好多不爱学习的孩子都让学习好的同学帮自己写作业。有一次，同学傅晨让李双帮她写一个月的语文作业，还答应李双，会给她钱。面对这些钱，李双

动心了，但她还是有点犹豫不决，因为李双觉得如果自己帮她写作业，她就会变得更加懒惰，更加不爱学习，既影响了她的学习，自己也犯了错误。那些钱对李双来说确实也是不小的诱惑。但思来想去，李双还是觉得这样做不好，于是拒绝了傅晨，她对傅晨说："这样的事儿对咱俩来说都没有什么好处，我不能帮你。"李双又对她讲了好多帮助她的坏处和不帮她的好处，终于让傅晨打消了这个念头。从那以后，傅晨也慢慢改掉了这个懒惰的习惯。所以说，在遇到别人让我们做一些自己不想做而且无益于他人的事时，最好的办法就是拒绝，当然也一定要讲究方式方法，不能伤害到对方。像李双的拒绝，就让彼此都更好地成长，她真是个睿智的女孩子。

案例二：

瑶瑶上初中之后开始住校，每个月妈妈都会给她一定的生活费。有一天，瑶瑶的一个朋友对她说："你能借我点儿钱吗？我的生活费花光了。"当时已经到了月末，瑶瑶手中的钱也不多了，如果把钱再借给朋友一些，自己这个月的生活费就不够了。她本不想借给朋友，但又怕朋友说自己小气，最后还是借给了朋友。因为没有了钱吃饭，她只好打电话给妈妈。

其实，像瑶瑶这样不知道如何拒绝别人的女孩在现实中有很多，因为渴望友谊和天性善良，常常认为拒绝别人会伤害到对方，所以很多时候宁愿委屈自己也不好意思拒绝别人，哪怕有些要求是不合理的。可想而知，最后受到伤害的一定是不懂拒绝的自己。

女儿，善良不等于好欺负，大度不等于没原则，拒绝也不等于不给面子。你要学会拒绝，拒绝错误的行为，拒绝不理智的做法，拒绝不轨的朋友，拒绝无理的要求。并不要个性十足，而是要原则不变。妈妈在这告诉你几点，你要牢记。

1.拒绝做与年纪不相符的事。张爱玲曾经说过出名要趁

早，但是妈妈认为出名的机遇并不是谁都可以遇上的，而且出名的方式也有很多种，有些少年因为多次偷盗、吸毒而出名，有些少年则因勇敢救人的品质而出名，所以说，在每一个时间段做自己该做的事情，才能够保证自己不辜负这大好年华。

2.拒绝跟心思不正的朋友交往。跟自己不喜欢的人，或者品性不好的人在一起交往，一般都不会有好结果。而且他们会把坏习惯慢慢灌输到你的思想里去。和不爱学习的人相处，你会变得不爱学习；和经常打架的人相处，你也会变得暴躁……

3.拒绝别人的无理要求。如果在学校或者生活中，有人向你提出很无理的要求，或者以你的能力根本做不到的事情，不要因为顾忌面子而硬着头皮去做，婉言拒绝效果更好。盲目地打肿脸充胖子或者为了照顾那点面子终究会哑巴吃黄连，有苦说不出。

女儿，虽然我们拥有一颗善心，但是，该心软的时候要心软，该拒绝的时候就要拒绝，一定不能死要面子活受罪，因为事事都大度和宽容，别人不但不会感激你，反而会变本加厉。鲁迅先生就说过，勇者愤怒，抽刃向更强者；怯者愤怒，却抽刃向更弱者。所以，女儿，一定要学会拒绝，拒绝大千世界的纷扰嘈杂，积极向上，你的人生会有别样的美丽！

自残是最不理智的行为

女儿，妈妈最近看到一篇关于自残的报道，妈妈也给你说说这种行为。这种行为主要发生在青春期。

所谓自残是指人刻意地伤害自己的行为，也就说自残是一种主动行为，是自己有意识地以种种方式来伤害自己的身体，这种自虐行为是为了减轻情感痛苦和生活压力的一种方式。

一般来说，青少年自残的原因有以下几种：

特殊的性格与心理特征导致其伤害自己的身体。有很多青春期女孩敏感、易怒、情绪化严重，或者好胜心强、自卑、焦虑等，导致她们怀疑自己，不会用正确方式宣泄情绪。

特殊的家庭环境导致女孩自残。例如很多单亲家庭的女孩或者长期不和父母在一起的孩子，或者父母对其期望值过高等。这些女孩因为和父母关系冷淡，甚至敌视，造成她们很难掌握解决问题的方法，于是用自残来回避问题。

青春期女孩的模仿心理。很多青春期女孩看到或听到同伴自残时，她会很想要模仿。例如在手臂上文身、刺字等。

女孩大脑多巴胺含量的缺乏导致其自虐。有些青春期女孩之所以自残，可能和她们大脑中多巴胺含量较少有关。因为大脑多巴胺含量正常的人会向外发泄自己的愤怒，反之则会伤害自己。

女孩体内有潜在的心理疾病。有些自残的青少年是因为正遭受着急性或慢性心理疾病的折磨，如抑郁症、孤独症、饮食失调症、恐惧症、强迫症等，在遇到紧急情感压力时，她们可能用自残的方式来应对。

女儿，你们这个年龄的女孩生理和心理发展都还不健全，会受到来自父母、老师、同伴等各方面的影响，而且这段时期又是你们的心理矛盾期和情绪起伏期，因此家庭和外界的关爱对你们的健康成长显得格外重要。

妙妙14岁了，妈妈从小非常宠爱她，要什么给什么，几乎是有求必应。现在她已经是初中生了，但是还是非常任性、贪玩，有点时间就想出去玩。期末考试成绩不理想，妈妈就要求她少出门、多看书。可没想到妙妙竟然大发雷霆，大声喊道："不让我出去玩儿我就死给你看。"一头就往墙上撞，吓得妈妈连忙把她送到医院。

其实，像妙妙这种情况现实中有很多，引发她们自残的可能是一个很小的诱因。有些父母对女儿太过溺爱、娇惯，甚至有求必应、百依百顺。一旦没有满足自己的要求，她就撒泼打滚，要死要活。

姚姚上初二了，还像个男孩子一样喜欢出去玩儿，不喜欢待在家里。她在日记里写道：在家太压抑，就像个囚犯，真不自在。在外边就快乐多了，想干什么就干什么。其实姚姚的父母特别疼爱她，她想做什么都由着她。最近，妈妈发现姚姚谈恋爱了，这让妈妈非常紧张，放学后，不准她出去玩，还把家里的网线断了，把姚姚的手机没收了。没想到姚姚竟然用刀子割自己的胳膊，这可把妈妈吓坏了，赶紧把手

机还给了姚姚。

心理专家认为，青春期的孩子是弱势群体，生理、心理的发育还不健全，非常需要父母的关爱、老师的重视、同学的友谊或者异性的青睐。此时的她们正处于身心"断乳期"，自我意识膨胀，认为自己有能力独立解决一切问题。如果父母没注意女孩这方面的变化，仍是采取压制、干涉、指责的教育方式，那么只会助长女孩的叛逆心理。

女儿，妈妈讲了这么多，就是要告诉你：不管遇到什么烦恼的事、不开心的事情，都不要用自残的方式解决问题。自残解决不了任何问题，只会伤害自己的身体，又伤害父母的心。妈妈知道，你们这个时期，需要家长的理解和尊重，更向往自由。遇到不开心的事情，一定要合理发泄心中的不良情绪，这样才能很好地控制自己的行为。另外，也要和妈妈多沟通，不要把不良情绪憋在心里，不然时间久了会出问题。

如果不小心上了黑出租车、黑摩的，怎么办

女儿，你一定对黑出租车、黑摩的不陌生吧，因为它

们经常出现在路边、大街小巷，走在马路上随时随地都能看到。最近，女学生坐"黑车"出事的不少。

一天凌晨，交警二中队民警接到一个女孩的报警，接警后，民警来到医院。报警人，是18岁的女生小李（化名）。原来，小李乘一辆无牌三轮摩托车时发生交通事故，摩的司机丢下小李，自己跑了。

事发当天，小李晚上单独在XX镇上了一辆无牌摩的，目的地是XX镇XX路。小李上车后，坐在车内玩手机，快到XX镇火车站时，感到车被碰撞了一下，小李摔倒在地上。等小李回过神来，也没发现是和什么车相撞，摩的司机丢下受伤的小李，开着摩的跑了。小李额头血流不止，有好心的路人把她送到医院，直到小李的朋友赶到医院，她才想起报警。面对民警询问，小李一问三不知，对摩的司机长什么样子都没印象，事故现场也说不清，因为当时她在低头玩手机。民警问小李，最近全国发生这么多女学生坐"黑车"出事的新闻，晚上单独坐"黑车"不害怕吗?小李说，自己不知道，没注意。

女儿，不要对黑车、黑摩的抱有任何侥幸心理，而是要提高警惕，为了保证自己的人身安全，千万不要乘坐黑出租车或黑摩的。

如果因为疏忽或不小心上了黑车，女儿，此时的你应该怎么办呢？妈妈给出以下几点建议。

1.记录乘坐车辆信息并发给家人或朋友

女儿，在上车前，无论是正规出租车还是黑出租车或黑摩的，都需要记录或拍下所乘车辆的车牌号以及司机的样貌特征等信息，然后发给自己的亲人或朋友。

2.保证自己能够随时与家人或朋友联系

女儿，当你上了一辆黑出租车或黑摩的后，首先要通知家人或朋友，告诉他们自己在哪里上的车，大概要多长时间下车。而且要保证自己的手机有电，可以随时与家人进行联络。

3.打开手机定位进行导航，当发现异常时要立刻拨打报警电话。

女儿，上车后应立即打开手机导航，确定司机走的路线是正确的。当发现行车路线异常时，要立即打电话报警寻求帮助。尽管此时你不一定要与110对话，但只要大声说出你的恐惧就可以，例如"你要干什么？""你要把我带到哪里去？"等类似的话语，110听了就会明白你遇到了危险，即使是随后关机，警方也会通过手机信号锁定并尽快找到你。

4.不要暴露身上的贵重财物

女儿，在上车之前，你就要准备好乘车所需的零钱，千万不要在车上随意暴露自己的钱包、首饰等贵重财物，以免引起坏人的歹意。

5.面对陌生人时，不要激怒对方

女儿，当你面对不熟悉的黑车司机时，要避免与他发生口角，也不要用言语激怒对方。

此外，一旦你处于危险境地，应该抓住任何可能的机会，向外界及时发出求救信息，这对脱险至关重要。总之，女儿，外出时要避免乘坐黑出租车或黑摩的这一类的"危险"交通工具，可一旦不小心乘坐了黑出租车时，一定要多留个心眼，时刻注意保护自己的生命安全。

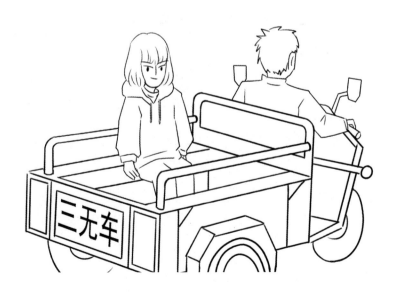

乘坐出租车、网约车也要注意安全

女儿，妈妈前几天看新闻，又有一个女孩坐网约车出事了。这让我想起那个21岁空姐乘坐网约车遇害的事件了。这几年，网约车事故频发，也让妈妈十分担心，所以今天妈妈就要跟你说一说"乘车安全这些事儿"。

赵莹是一名高二的学生，因为身高比同龄人都高，所以看着比较成熟，有一天她去酒吧参加朋友的生日party。聚会结束后赵莹便打车回家，车到了，赵莹自然地坐进了副驾驶。但没一会儿，她就感觉有点晕，不知道是刚才喝酒的原因还是晕车，赵莹也没多想，就打开窗户透透气。头晕稍微缓解后，她就拿出手机跟朋友聊起了天。当朋友问她到家了吗的时候，她这才抬起头看了看，发现道路很陌生，路上几乎看不到行人，偶尔有车从旁边飞速驶过。她大声问司机这是哪里，司机看了看她没有说话，还是不慌不忙地开车。赵莹害怕了，大声命令司机停车，并顺手从包里拿出来一瓶"防狼喷雾"对着司机。司机不情愿地停下了车，车刚停下，赵莹就迅速跳下车，出租车也快速地开走了。赵莹不敢再叫出租车了，只好给爸爸打电话，爸爸听到她说的情况，快速地开车来接她了。等爸爸接上她才知道，她现在的位置根本不是回家的路。赵莹吓出了一身冷汗，从此以后，她再也不敢随便坐出租车了，特别是晚上。

女儿，赵莹无疑是幸运的，但是有更多的人却没有这么好的运气。不要因为个例就抱有侥幸心理，因为只要它有可

能对你的生命造成威胁，哪怕这个可能性是1%，也足以让你承担不起。所以，不要指望老天爷眷顾，不要祈祷自己运气好，而是应该拿起有利的"武器"保护自己。

女儿，作为一名中学生，你也有你的朋友圈，妈妈不能阻拦你出门，所以妈妈跟你说几个重要事项，你必须记住！

1.选择大平台的网约车。现在网约车的平台有很多，选择一家正规平台的网约车是非常有必要的，因为这样的平台对司机的审查会比较严格，相对而言会更安全。而且平台还会有相应的录音定位功能，遇到问题也可以一键报警。

2.上车前注意核对车牌号。车到的时候不要着急上车，先看看车牌号和网约车信息是否一样，如果车牌号和网约车信息不一样，一定不要上车，这样的车存在很大的安全风险。

3.把乘车信息发给妈妈。你要养成一个好习惯，不管坐出租车还是网约车，上车就把乘车起点和目的地发给妈妈，或者直接截图发给妈妈，并随时汇报自己的位置。

4.在车的后排落座。不管坐出租车还是网约车，都坐在后排，因为这样可以避免和司机近距离接触，万一有什么事情发生，你也有一定的距离和反应时间。

5.乘车途中不要睡觉。有的人一上车就爱睡觉，为了安全，你坐车一定不要睡觉，要随时保证自己头脑清醒，这样才能在感到不安全的时候，立刻发现并且做出反应。也避免因为睡着被拉到比较偏僻的地方。

6.拒绝司机走偏僻的路线。乘车时，一旦发现司机往偏僻的路线行驶，一定要立刻要求司机更换路线，选择一些人和车都相对多的路线。

7.发现异常立刻要求停车。坐车的途中你要注意观察司机和周围环境的状况，一旦发现异常立刻要求司机停车，如果司机不停车第一时间报警并发送位置给父母或朋友。

8.夜间不单独坐车。晚上尽量不出门，如果一定要出门尽量不自己坐车，最好找个朋友一起坐车。

9.不要和司机发生冲突。即使在坐车的途中有什么不满，也要注意表达方式，不要有过激的举动，不要引起司机的情绪激动。

女儿，你一定要记住妈妈给你的忠告，为自己建立风险防控系统。因为最危险的时候，只有你自己才能第一时间救自己！

控制不良诱惑，坚决拒绝黄、赌、毒

女儿，最近你好像特别开心，我问你什么事儿这么开心，你还一脸神秘地告诉我，是个"秘密"。昨天你爸已经

"泄漏"了你的"秘密",原来是因为你跟爸爸打赌赢钱了,怪不得你这么开心。对你而言那可是一笔不小的数目哦,不知道你准备怎么花,但是我已经严肃地批评你爸爸了,我从来不提倡这种"赌"的行为,这会影响你的价值观。所以今天,妈妈必须跟你谈谈"黄、赌、毒"。

案例一:

小成被公安局以盗窃罪为名抓走了,到底是怎么回事儿呢?原来是小成迷上了"娱乐城捕鱼赌博"。从迷恋上赌博开始,小成的学习成绩就一路下滑,因为没考上理想的学校而复读了一年。小成下定决心,一定要痛改前非,戒掉游戏,为了让自己不再玩游戏,每次他发现马路边有游戏室都会刻意绕道而行。可遗憾的是,小成没能坚持多久,有一次,他路过一家游戏室,又不由自主地走了进去。那种久违的快乐让小成兴奋不已!他之前每次只玩几十元钱,可这次,小成却输了1000多元。他不敢告爸爸妈妈,只能向同学借钱去还债,可一借到钱,他又鬼使神差地钻进游戏室。当把从同学那里借的钱又输光了以后,小成想到了偷。于是小成开始偷自己熟悉的一个男生宿舍,多次盗窃手机、照相机、手表等,加起来差不多3000多元钱。终究纸包不住火,很快,小成偷窃的事情就败露了。一个本可以很优秀的男孩儿,被赌博影响了大好前途。

案例二：

瑞瑞已经16岁了，她虽然从小爱玩好动，但学习成绩一直不错。有一次，在一家网吧里，瑞瑞认识了一群"哥们儿"。他们掏出一种白色粉末，围坐在那里吸，一副"飘飘欲仙"的样子，一下子就引起了瑞瑞的好奇心。当"哥们儿"怂恿瑞瑞尝一口时，瑞瑞毫不犹豫地伸出了手。有了第一次，就有了第二次、第三次。后来，为了弄钱吸毒，瑞瑞学会了撒谎、逃课、偷钱，原本活泼健康的女孩竟然成了"瘾君子"。最终因盗窃、吸毒被警察带走了。

女儿，由此可见 "交友不慎"对于青少年来说影响很大，甚至会毁掉你们的一生。小成和瑞瑞就是活生生的例子。你一定要增强自我保护意识，慎重交友。对毒品的危害性要有正确的认识，不要去游戏室、网吧、酒吧等活动场所。你一定要拒绝一切外界的诱惑，法律从来不会因为你无知而不去制裁，有些代价也是你承担不了的。

女儿，妈妈希望你可以做到以下这几点。因为它可以有效地让你远离黄赌毒的迫害！

1.多接触法律法规教育。要定期接受黄赌毒的基本知识和法律法规教育，充分了解黄赌毒的危害。你要明白，涉足黄赌毒，就跟掉进狼穴虎窝是一个道理！

2.树立正确的观念。你要学会树立一个正确的人生观、世界观和价值观，不能盲目地追求享受，寻求刺激，追赶所谓的"时髦"。

3.文明上网。不要浏览黄色网站，不看黄色书籍，远离色情的影视制品，把握住自己不受那些不文明、不健康的精神垃圾的侵蚀。

4.文明交友。跟朋友之间谈的话题要健康，对朋友说的话也要仔细分析辨别，不能盲目听从。如果你发现你的朋友中有传播淫秽物品、赌博、吸毒这些行为，一定要远离。

5.参加有意义的活动。以后爸爸妈妈会多带你出去旅游，平时我们也可以多逛公园，有时间你也可以去当志愿

者，帮助有困难的人。多帮妈妈分担家务，锻炼你自己独立生活的能力。

女儿，我知道好奇是你们这个年纪的孩子共有的特点，对于没有体验过的东西，总有一种跃跃欲试的欲望。但是，一定要明辨是非。面对黄赌毒，一定要态度鲜明，千万不要心存侥幸，以好奇为由去尝试，一定要自觉抵挡不良诱惑，千万不要迈出第一步。

杜绝凑"热闹"，保护自己不上当受骗

女儿，还记得你小时候邻居给你起的外号吗？"小欠儿"，多么可爱的名字啊。你小时候总是喜欢跟着隔壁阿姨去树上摘毛桃，张爷爷养了好多羊，每次张爷爷带着孙子放羊，你都会捡一根小棍子在后边学着张爷爷的样子，轰赶着羊群，街边的邻居看你那小模样，都开玩笑地说："这个'小欠儿'，哪儿有事儿到哪儿，就爱凑热闹，哈哈哈。"当时妈妈觉得没什么不妥，反倒觉得这样的你十分可爱。后来农村改造，住上了楼房，老邻居也都分开了，面对着的是陌生的新邻居，而你却还是那个热情单纯的"小欠儿"，这让妈妈觉得，很有必要跟你说说"凑热闹"的那些事儿。

案例一：

文文是个孝顺的好孩子，为了多挣点钱，总是在休息的时候做一些兼职，然后把钱一点一点地攒起来。有一天，下班后她到超市购物，结完账出来的文文看到一群人围在一个柜台边，喜欢热闹的文文赶紧凑上前去。原来，在超市购物就有资格刮一次奖，这勾起了文文的兴趣，她递上了自己的购物小票，也想刮一次。文文从桶里拿出一张奖券递给了服务员，随后就听见营业员惊呼道："这孩子好手气啊！居然刮了个一等奖。"文文兴奋得小脸通红，从来没中过奖，没想到这种好事儿也会落在自己头上。服务员接着说："一等奖可以1折购买我们店里的玉器。"听到这里文文更激动了，如果自己买一个项链送给妈妈她一定很开心。在营业员的推荐下，文文用攒了很久的一千多块钱买了一块原价一万多的项链。晚上回到家里，文文把礼物送给了妈妈，没想到妈妈一点儿也不高兴。原来，电视上早就揭露过这样的骗局，这也是销售的一种商业手段。妈妈带着文文回到柜台退货，柜台却以自愿参加活动购买不退不换为由，拒绝了文文妈妈退货的要求。文文辛辛苦苦挣的钱，最终交了智商税。

案例二：

乐乐是个好奇心特别重的孩子，有一天放学，乐乐和好朋友一起回家，走着走着，路边忽然传来激烈的争吵声。

乐乐跟好朋友说："那边怎么了，我们快去看看。"好朋友说："乐乐，我们回家吧，不要去凑这样的热闹，万一有危险呢。"乐乐不以为然地说："你就是自己吓自己，跟我走。"乐乐拽着好朋友就跑了过去。原来是隔壁班的男生在欺负一位新来的同学，旁边还有女生在围观。说着说着，便动起手来，场面一度变得十分混乱。这时不知道是谁拿起了地上的石头向新同学扔了过去，那位同学急忙闪开。石头奔着看热闹的乐乐就砸了过去，石头不巧刚好砸在了乐乐的头上，顿时鲜血直流，大家赶紧拽着乐乐去了医院。

　　女儿，妈妈就是想借这两个故事告诉你，有的热闹是不能凑的。还记得上次我们两个一起看的新闻吗？一个酒店起

火，大家都围观看热闹，不料酒店发生爆炸，围观群众有死亡有受伤，这就是看热闹的代价，多么惨痛啊！

女儿，你的成长过程，都是妈妈亲眼看见，所以妈妈了解你的性格，你也喜欢凑热闹，所以妈妈今天给你几个提议，希望你以后远离这种"热闹"。

1.不要围观打架。打架本身就是一种暴力行力，打架中的人，情绪都很激动，围观者一旦被误伤，得不偿失。

2.不要围观"小便宜现场"。现在新的销售手段层出不穷，妈妈不止一次告诉你，天下没有免费的午餐，占小便宜吃大亏。所有街上免费领礼品，或者免费护肤的活动一定不要相信。他们都是打着免费的旗号来进一步套取更大的利益。

3.不要围观事故现场。像一些着火的地方，出车祸的地方，或者有人要跳楼的现场，切记不可围观。这很容易造成二次伤害，危及围观者的安全。而且过多的围观也会影响救援的效率，会造成更多的伤害。

4.不要到人群密集的地方。人特别多的地方，堵塞严重，行动困难，一旦发生意外，逃生便成了第一大难题，所以尽量不要到人群密集的地方去。

女儿，你爱凑热闹，无非是出于好奇心。其实人有好奇心无可厚非，但是如果不能很好地控制它，什么情况都要一睹为快，什么事都要参与一下，这不仅是不礼貌不道德的事，而且还是很危险的事。不围观事故现场，不仅是对别人的尊重，也是对自己的一种保护。要保护自己不上当受骗，保护自己不受到伤害。

轻信，被算计的开始

有些人贪慕虚荣，喜欢听顺耳之词，于是别有用心之人往往就用谄媚之言换取他人的好感和信任，而一旦赢得了对方的信任，与对方做成了"朋友"，那么他们便会开始为自己的利益谋划算计。

唐明皇时期，有两位宰相共辅国政，一位是拘谨正直的李适之，一位是阴险狡诈的李林甫。李适之在朝廷上常常反对李林甫，于是李林甫一直想寻找机会算计陷害李适之。尽管李林甫不喜欢李适之，但在表面上，他还是礼让有加，似乎从来没有什么冲突和矛盾。

一日，两人闲谈中，李林甫对李适之说："华山出产金矿，谁都知道，如果开工采掘，可以为国家增加大量的财富，你何不奏闻圣上？"李适之是老实人，亦认为此事可行，于是奏表于唐明皇。不久，唐明皇召见了李林甫，问道："适之所奏华山有金矿可采，此事你可知道？"李林甫相答："微臣近来常为陛下的疾病所担忧，听闻华山金矿的那一方位实为陛下本命，地下隐伏着三老三气，如果采掘，将不利于陛下龙体，臣正以此为忧，故不敢将此事奏闻圣上。"唐明皇听了这话，认为李林甫才是文武百官中对自己最关心的忠义之臣，而对李适之渐渐疏远。后来李适之被罢免，由李林甫一人当政。

李林甫三言两语就拔掉了眼中钉、肉中刺，让自己成为唐明皇的心腹。或许你是为忠臣李适之抱不平，可若不是他轻信李林甫的话，又怎会中计，又怎会落得被罢免的下场呢？

女儿，常言道："害人之心不可有，防人之心不可无。"也许这句话在你看来有些狭隘，让人变得谨小慎微，毫无磊落之气，但是在这个竞争激烈的社会中，有的人为了在竞争中取胜，往往会不择手段。例如，平日里看上去并无恶意之人，背地里却可能机关算尽，时刻等待着单纯的你落入他早已挖好的陷阱。

女儿，口蜜腹剑的人是为了达到自己的目的，可以假装真诚、假装亲密、假装朋友。人心叵测，总是让人防不胜防。无论对方与你关系如何，无论你们是否存在利益关系，

别人对你说的话、为你做的事，你都应该仔细斟酌一下，判断它的真实性，思考它背后真实的意图，不要被他人的花言

巧语、假真诚所蒙骗。如果发现他人是别有用心的欺骗，那你也无须与他论争，更不必怒目相向。有的人天生就是演员，一定会用无辜的表情作为回答。

总之，女儿，你要多点儿防人之心，擦亮自己的双眼，理性判断，不要轻信于人，从而避免被小人所算计。

第四章

人生如此险恶，不要上"陌生人"的当

不要向陌生人泄露自己的个人信息

女儿，有一天我们两个去逛街，下楼我才发现车钥匙忘带了。我回家取钥匙的这段时间，回来就看见你跟一个阿姨聊得火热。我明显感觉到你喊我"妈妈"的时候，那个女人有些紧张，看到妈妈走过来她也走了。我问你认识这个阿姨吗？你说好像是新来的邻居，她问你住在哪个单元、多大了、在哪儿上学等一些个人信息。看着你一脸单纯的样子，妈妈有些但心。妈妈给你讲个故事吧。

案例一：

张静是一个特别健谈的女孩子，同学们都喜欢跟她聊天。张静在外地上学，有一次坐车返校，在车上遇见了一个阿姨，聊着聊着才发现，阿姨是她的"老乡"。两人相谈甚欢，为了方便以后联系，双方不但交换了电话，而且阿姨还想要一个张静家里的电话，张静也没多想，就把妈妈的电话给了她。没想到却因此招来"横祸"。张静的妈妈晚上突然接到一个电话，说张静遭遇车祸，昏迷不醒，病情十分危险，需要立刻手术，但是必须先把手术费交了才能做手术，并需要家属的签字。当张静妈妈表示两小时之内就能赶到的时候，那位自称是张静主治医生的"叶大夫"说两个小时肯定来不及，就给了张静妈妈一个手机号，让张静的妈妈打电话跟医院的院长联系。"院长"在电话里听完张静妈妈的情况介绍之后，表示可以先做手术，等家属到了再补签字，但前提是先把十万元钱的手术费汇进指定的银行账号。妈妈打张静的电话提示不在服务区。这时妈妈更相信女儿是真的出车祸了。张静妈妈心急如焚，立刻将钱转入了指定的账户。随后急忙开车前往医院，可到了医院，医院却说没有收过这个病人。张静妈妈这才觉得事情有点儿蹊跷，急忙给学校打

电话询问女儿的情况，当得知女儿安全时，张静妈妈松了一口气。张静妈妈知道被骗了，急忙报了警。

案例二：

刘莎是一个"网购小能手"，最喜欢在网上购物，但是快递包装却从不处理就扔到门口。有一天，刘莎放学刚到家，接到一个电话，对方说自己是XX网站的客服，说刘莎之前在网站上购买的物品因为系统出现了问题，现在要把退款打到刘莎的账号上。"客服"骗取了刘莎的信任，用QQ给刘莎发来了一条"链接"，让她按照提示操作。之后，刘莎就在网站上填写了自己的个人身份信息、银行账户、手机号码以及收到的手机验证码，填完不一会儿，不但没有等到所谓的退款，反而发现自己账户里的一千多元钱没了，刘莎这才知道自己被骗了。

女儿，身份证号码和手机号码，都是你的重要个人信息，不要轻易告诉他人，尤其是陌生人。越是打着"同乡""邻居"旗号的人，越要谨慎，少跟陌生人讲话，言多必失！同样，有着你个人信息的物品也要处理好了再扔掉，以免被人捡到而窃取信息。

女儿，你可能觉得妈妈大惊小怪，那妈妈就跟你说一说泄漏个人信息后可能造成的后果及危害。

1.坑蒙拐骗。很多不法分子都会通过"踩点"的方式或者和你搭讪了解你的家庭情况，当你泄露了家庭情况之后，他们则会在家里没人的时候或者大人不在家的时候进行上门诈骗、盗窃等。严重了还会危及个人以及家人的人身安全。

2.以假乱真。当坏人了解你的个人信息之后，他们很可能会冒充是你或者是你的家人、朋友之类，对你和你的家人朋友进行诈骗。故事里的张静就是一个活生生的例子，通过父母对儿女的关爱骗取钱财。

3.冒名办理各种网贷。当这些骗子得知你的个人信息之后，他们可能会借用你的身份证、手机号、手机验证码来冒充你套取网贷。

女儿，在这个科技迅速发展的时代，你的个人信息尤其重要，它的泄露会影响到你生活的各个方面。尤其是你的家庭情况，还有你个人的身份证、手机号、银行卡、手机验证码千万不要泄露，一旦泄露可能就会造成很大的损失与危害。这个世界不是对等的，你是好人不等于你遇到的都是好人，面对陌生人，一定要以警惕的状态来对待，切勿轻易泄露自己的个人信息，惹来没有必要的麻烦。

坚决不吃、不喝陌生人的东西

女儿，妈妈看到一篇报道：有一个女孩子打车回学校。途中司机递给她一瓶矿泉水，女孩也没多想，就把水喝了。但是喝完一会儿就觉得头有点儿晕，随后就没有意识了，等再醒来时发现自己被性侵了。这样的新闻时有报道，妈妈一想到你也是个女孩子，就十分担心。所以今天妈妈必须跟你说说：坚决不能吃或者喝陌生人给的东西。

冬梅是个非常新潮的女孩儿，也特别喜欢玩儿。业余时间她最喜欢的事儿就是"探店"，到一些新开的酒吧和迪吧打卡。这天放假，闲来无事的冬梅就约着闺蜜一起去新开的一家迪吧。几个女孩子玩得正开心时，有个男子走过来，跟冬梅说，觉得她长得特别漂亮，很想跟她交个朋友。冬梅性格开朗，也爱交朋友，很快两个人就熟悉了起来。男子提议想请冬梅和她的朋友喝杯酒，冬梅虽然爱玩儿，但是她也担心自己喝多了会出事儿，就婉言谢绝了。男子见冬梅拒绝了也没多说什么，随手递给吧台服务员一条奶茶，告诉服务员冲好。服务员当着冬梅的面冲好了奶茶，男子说："不喜欢喝酒就喝点儿奶茶吧，甜甜的，你们女孩子不是都喜欢吗。"因为是看着服务员冲好的，所以冬梅丝毫没有顾虑，拿起奶茶就喝了。喝完奶茶的冬梅不一会儿就觉得特别兴奋，感觉自己仿佛有无限的精力，过了一会儿冬梅又觉得有点儿晕。男子跟冬梅说："是不是太热了，我们出去透透气。"冬梅也觉得可能是太热了，想着出去能清醒些，两个人就出了迪吧。可出了迪吧之后的事情冬梅却都不记得了。第二天冬梅躺在一个陌生的房间，怎么也想不起来昨天都发生了什么。

女儿，不管陌生人出于什么意图接近你，你都要防备。不要盲目自信，觉得自己有分辨能力，就像冬梅也想不到，平时经常喝的奶茶却害了她。你还年轻，涉世未深，所以一定要坚决拒绝陌生人给的东西。

女儿，现代社会上有些事情比较复杂，特别是与一些自己不太了解的人相处，要小心遇到陷阱，那么当陌生人给你饮料和水时自己具体应该怎么做？

1.只喝自己买的、自己打开的水。不管在什么情况下，只喝自己在正规商店买的水，而且一定要喝自己打开的。绝对不喝陌生人给的水，即使是没开封的水也一样不能喝。而且就算是自己的水，离开一段时间后再回来也不要喝，因为你没办法确定这段时间发生过什么。

2.不被假象所迷惑。现在的坏人骗术都很高，一般会把水和食物做得特别诱人，看到你见都没见过的稀奇玩意儿总会抑制不住冲动去尝试。但是你一旦尝试，就已经上套了。所以不要被假象迷惑住就随意接受陌生人给的东西。

3.警惕纠缠你的人。如果你委婉拒绝了陌生人所给的东西和饮料后，对方还在用各种理由和借口继续纠缠于你，让你喝下饮料或者吃下他给的东西。那么你更要提高警惕了，不但要严词拒绝对方，还要尽快远离对方。

4.如果不小心喝了不安全的饮料，及时告诉家长并报警。一旦疏忽或者不慎喝下了掺有药物的饮品，哪怕感觉到有一丝的异常，都要立刻打电话报警，或者打电话给家长或朋友。如果打电话不方便，那么就要想办法向现场的人求救，如旁边的人、服务员等。或者可以制造事故、引

发纠纷，围观的人越多，相对而言你就越安全。

女儿，坏人总是伪装成好人，所以我们无法从表面上去分辨好坏。只能自己去防备，提高警惕，不管对方给你的东西包装是否完整，都不可以授受！牢记：不认识的人给的任何东西都不吃，水更不能喝。妈妈宁可你防范过当，也不希望你疏忽大意。

不要被别人的夸赞冲昏头脑

女儿，妈妈给你收拾衣柜的时候，又看见上次我们俩去商场，你买回来却一直没穿的那件衣服，你还记得吗？其实你自己也觉得那件衣服不太好看吧，当时妈妈也说了那款衣服的颜色确实不适合你。但是那个售货员一直夸你长得白，根本就不挑衣服，夸你长得漂亮，穿什么都好看。你被她的夸赞冲昏了头脑，非要买，而妈妈之所以给你买，是妈妈觉得，用一件衣服的价钱让你明白一个道理这很值。所以妈妈今天要跟你聊一聊，不要被赞美冲昏头脑！

王艳是一名高一的学生，人长得漂亮，身材又好，经常被同学夸赞，说她是班花，是班里男同学的"梦中情人"。每一次听同学这么说，王艳的心里都乐开了花，再看着镜中的自己，越发觉得自己是最完美的。有一天，课间休息的时候，同学们一起看视频，小丽指着屏幕上的女孩说："长成这样都能当网红？那王艳要是也拍视频，还不得红得发紫啊！"王艳听了觉得确实如此，镜头里的人还没有自己漂亮，她都能有那么多粉丝，如果自己也拍视频，一定比她还要火，一想到自己会像明星一样受人追捧，王艳就激动不已。回家之后王艳就拍起了视频，可是却没有得到她预期的效果，小丽劝王艳说："你看网上的女孩都是大眼睛，高鼻梁，小尖脸，你本来就很好看了，你要是再整一下容，那你就是我们学校名副其实的校花啦！如果被星探发现，你就能当明星啦！到时候可别忘了我们老同学啊。"王艳转念一想，觉得小丽说得有道理，自己先天条件这么好，要是再稍微整整容，那自己也可以去当明星了。她越想越兴奋。终于等到了假期，王艳偷偷从妈妈的网银里转走三万块钱，随后她赶紧找了一家整容医院，跟工作人员确定了详细的计划，就这样王艳割了双眼皮，还给鼻子做了假体。就当王艳等着圆"明星梦"的时候，意外发生了，王艳的鼻子一直不消肿，甚至有些感染，她还觉得有些头晕，呼吸困难。王艳赶紧去找整形医院，没想到医院说是王艳体质的问题，出现了植入物排斥。现在需要把假体再取出来。王艳没有别的办法，只好取出了假体。假体取出来以后，鼻子有些塌陷，整个面部有点不协调。看着镜子里自己的脸，王艳后悔不已。如果自己不被夸赞冲昏头脑，也不会变成这样。

女儿，每个人都有自己的优势，可有些时候优势也会因为环境等因素被改变，就在不知不觉中转化成了劣势。就像王艳，事实上每个人都享受被夸赞的感觉，但是只有正确地、理智地对待别人的夸赞，才能不被夸赞冲昏头脑，做出让自己后悔的事。

女儿，你可能还不够清楚到底该怎么做，下面妈妈就给你总结一下如何正确面对他人的夸赞。

1.不管别人是出于什么原因表扬和夸赞你，你都要第一时间对对方的表扬和夸赞表示感谢，这是对别人最基本的尊重。

2.一定要客观地看待别人对你的表扬和夸赞，分辨出对方是恭维你说的客套话，还是认真表达对你的欣赏。不过不管是哪一种，你都要正确对待。

3.不要因为别人一时的夸赞就觉得自己特别了不起，要记住"骄傲使人退步，谦虚使人进步"，一定要谦虚地对待别人的夸赞。

4.能够得到别人的表扬和夸赞，一定是你做了什么值得让人称赞的事，那么你就要好好地总结归纳，将这些好的优点和经验一直发扬下去。

5.当别人夸赞你的时候，你也要仔细思考别人的优点，将赞美也给予别人。这不是奉承，而是对别人的一种肯定和尊重。而且你也可以在别人身上学习到对方的优点，取长补短。

6.收到别人的夸赞，不要飘，要去想怎样才能让自己变得更加出色，把事情做得更好，让自己成为更优秀的人。

7.切记一定要从自身的情况来了解自己，不要因为别人的夸赞而丧失对自己的认知。切记不要冲昏头脑，也许别人的夸赞只是客套话。

女儿，莎士比亚曾经说过："对你恭维不离口的人，不一定是真正的患难朋友。"你回想一下，那些常常提醒你有缺点，让你及时改正从而变得更好的，往往都是你的亲人和朋友。所以女儿，面对夸赞，一定要保持一颗平常心，这样才不会被夸赞所蒙蔽，迷失了方向。

不要让善良成为自己的枷锁

女儿，前两天妈妈看到了一则新闻，说有一位老人，一直用自己拉车的钱资助贫困学生。他舍不得吃，舍不得穿，把他挣来的每一分血汗钱都给了孩子们，后来这位老人得了病，没有能力再去挣钱了，没想到却遭到了这些贫困学生的抗议，说老人不捐钱了，他们怎么办？这种扭曲的慈善认知，让老人的善良反而成了束缚他的枷锁，成了道德的紧箍咒。所以，今天妈妈就要跟你说说：善良也一定要有底线和原则。

案例一：

王军是宿舍的寝室长，是一个特别善良的男孩子，平时在校外看到流浪猫、流浪狗，他都会买一些火腿给它们吃。男生都大大咧咧的，所以王军的寝室里总是有一些杂乱，王军作为寝室长以身作则，总是利用自己的业余时间打扫卫生，保证大家有一个干净整洁的环境。可这也让大家养成了一种习惯，只要寝室脏了，都喊他打扫，王军觉得自己是寝室长，也都是同学，多干点儿活没什么，也没多说什么。冬天来了，同学都开始用暖瓶打热水洗脸，有一天同寝室的一个男生因为有事儿，就让王军帮忙打水，王军觉得也是顺手，就帮他打了一壶水。可是之后的一段时间，总有室友有各式各样的理由让他帮忙打水，每次王军都是一个人拎着三四个暖瓶。那天外面下雨了，同寝室的同学就把饭卡给了王军，让他帮忙打饭回来，结果全寝室的同学都把饭卡给了他，王军一手打着伞，一手拎着七八份盒饭，怕把饭淋湿，自己的肩膀都被雨淋湿了，可是寝室的同学谁也没有关心他被雨淋湿，都自顾自的拿自己的饭。王军有些伤心，但是他也并没有说什么，直到那次，王军让刚打篮球回来的室友把放了好几天的脏袜子洗了，可室友却说了一句："寝室长，你帮我洗一下吧，行吗，反正也不费劲，谢谢你啦，你最善良啦。"从室友嘴里说出的"善良"这两个字，深深地刺醒了王军，他恍然大悟，没有底线的善良就是愚蠢。他坚定地对室友说："不行，我不会帮你洗的，而且以后我也不会再帮你们打水，不会帮你们带饭，以后这些事情你们都自己做。"说完这句话的王军觉得如释重负，他依旧是那个善良的王军，只不过他的善良有了底线。

案例二：

桃子是一名高中生，因为家住得比较远，上晚课不方便，就搬到了学校宿舍住。桃子正在收拾东西，另一个同学也来到了寝室，寝室里就只剩下桃子上铺那一个空床位了。同学跟桃子说："这位同学，你能到上铺去睡吗？我睡觉不老实，我怕我从上铺掉下来。"桃子的性格比较内向，特别善良，也不爱计较，虽然明明是自己先来的，而且自己也不喜欢住在上铺，但桃子还是选择了退让，自己搬到了上铺。没过多久，她一个舍友说要搬去另一个宿舍，和新交的好朋友一起睡。桃子听完什么都没说，只是和平常一样，洗完澡上床躺着看书，但是却没有想到，不一会儿这个同学却把她

以后所有卫生都由你来做

叫了出去，说想跟她商量个事，桃子问她什么事，同学说："桃子，要不然还是你搬吧，你看你东西少，也好拿，我那么多东西，得搬到什么时候啊。"桃子觉得非常委屈，有点儿想哭，但是她还是故作坚强，强颜欢笑地收拾自己的东西搬了出去。

女儿，一个人如果习惯了这种没有底线的善良，习惯了没有原则，习惯了委屈自己。便会忘记其实自己是可以有态度、有观点、有能力，可以有自己从容的生活的。所以妈妈告诉你，可以善良，但是要有底线和原则。

女儿，善良之所以能帮助别人，是因为善良游走在可控的尺度和范围之内，所以有几个方面你一定要注意：

1.对得寸进尺的人说"不"。善良是可贵的，但是对于想要剥削你的人，你必须要学会狠心。永远不要事事对他们敞开善良的大门，这样只会让你的善良变得很廉价。做人要勇敢说"不"，而不是一味地忍受。

2.不要害怕失去。当别人利用你的善良欺负你的时候，你不要害怕会失去她，一个觉得你就应该帮助她的人，不适合做朋友。

3.善于辨别。如果你帮助了对方，但是对方并没有感激你，也没有感恩你，反而觉得你是理所当然的，那以后有什么事情你都没必要再帮他了。

4.学会委婉拒绝。当别人提出无理要求的时候，你不要一味地接受，你要学会委婉地拒绝，不要让别人觉得你善良就可以被当成软柿子捏。

5.善良只给值得的人。并不是所有人都可以拥有你的善良，自己的心中要有一把戒尺，永远都不能超出了这个范围。

女儿，你要记住，没有界限的心软，只会让他人有机可乘，进而越发得寸进尺。毫无原则的善良，只会让自己越来越被动甚至让他人为所欲为。所以，不要让善良成为你的枷锁，希望你记住妈妈的这句话：人心存良善，更应懂自保！

与陌生人搭讪，言语要谨慎

女儿，出门在外的时候，你难免会因为一些原因向陌生人求助或者被陌生人求助，无论是遇到哪种情况，都应该谨慎和陌生人搭讪，以免令自己陷入危险的境地。天性善良的你对别人总是存有很多善意，防范意识和自我保护意识就比较差，尤其是遇到陌生人求助于自己的事情，你都会热情地帮助对方，岂不知陌生人找自己搭讪也可能是将自己当成了"猎物"。

暑假的时候，上高一的小璇经常一个人在家。有一天，小璇做完暑假作业正在看电视，门铃响了起来。她通过猫眼看到外面是一个很和气的中年男人，而且对方显得很着急。小璇隔着门问对方："你有什么事情吗？"那个中年男人说："小姑娘，你好！我是你们楼上的住户，我们家钥匙锁房里了。我想通过你们家阳台爬到我们家阳台上去开门，你能帮我一下吗？"小璇居住的这个小区平时左邻右舍来往并不多，所以她根本也弄不清楚对方是不是楼上的，经不住对方的再三恳求就打开了房门。结果这个中年男人一进屋就把门反锁上，把小璇家里的财物抢劫一空。

一般来说，陌生人找年轻幼小的女孩搭讪有两种情况：一种是他真的需要帮助，一种是他别有用心，而通常不怀好意的陌生人在女孩面前都是假装自己有着急的事情，然后利用女孩的善心找机会对其下黑手。

女儿，妈妈应该教会你巧妙应对"陌生人搭讪"。下面就给你提供一些这方面的方法：

1.与陌生人保持一定的距离

如果发现有陌生人在刻意地靠近你，应该立即走开，离他们远一点。如果陌生人有意与你说话，装作没听到，不要回应他。可以走向人多的地方。

2.出行一定要选择比较安全的路线

女儿，不管是白天还是夜晚，如果独自出门，一定要选

120

择行人多的大路，不要走偏僻的小路，即使小路便捷也不要选择。

3.出门前一定要告知父母，并保持信息畅通

如果外出一定要告诉家长你要去的地方，以及出行的具体路线。如果遇到特殊情况，家长能及时找到你。

4. 对陌生人提高警惕

独自在家时不要给陌生人开门；不要跟搭讪的陌生人走；单独外出时尽量待在人多的地方；晚上最好不要外出，必须外出的情况下，找人陪同；不接受陌生人提供的饮料或者食品，谨防里面有麻醉药物；不和陌生男人在偏僻的地方单独见面，尤其是陌生男人的家里等。

无论是哪个年龄段的女孩子，在别人面前都愿意表现出

自己可爱、善良、亲切的一面，但社会是复杂的，社会上更有很多包藏祸心的人利用女孩的善意来伤害她们。因此，女儿，对陌生人提高警惕，不要太轻信陌生人的话。

和陌生网友见面要谨慎

女儿，妈妈单位的同事跟妈妈说，她外甥女小云前两天差点出事儿！原来她在网上认识了一个男孩子，两个人约在游戏厅见面，男孩子和她玩了会儿游戏就说带她去自己住的地方给她弹吉他，小云没有同意。男生可能是看出来小云警惕心比较重，于是改变策略说自己的手机没电了，借小云的手机打个电话，小云也没多想就借给他了，结果男孩却借故溜走了。小云以后再也联系不上这个男孩子了。小云很庆幸自己只是被骗了手机，如果真去了男孩的家里，后果将不堪设想。所以妈妈就要跟你聊一聊与网友见面的事情。

为了让你远离坏人的魔爪，妈妈给你整理了几点方法，希望对你有帮助。

1.严格保密个人信息！女儿，你必须要清楚一点，那就是任何人在网上的信息都有可能是假的，一个天天在网上和你聊天的阳光男孩很有可能是一个40多岁的油腻大叔。所以你要时刻记住对待网友既要有礼貌，又要提高警惕。不要随便向陌生人透露自己的个人信息，包括你的真实姓名、家庭地址、学校名称、家庭电话、密码、父母身份、家庭经济状况等，更不要在网上发布你自己的照片。当网友问特别多个人问题的时候，你一定要格外当心了，或许他们是有企图的，所以千万不要告诉他们你的真实情况！

2.不要单独跟网友见面！如果真有极特殊的情况，非见面不可，可以告诉妈妈，妈妈愿意陪着你一起去，而且见面要约在公共场所，妈妈在你附近保护你。当你自己单独在家的时候，切记不可以让网友来家里做客。其实很多时候跟网

友聊天，没见面的时候还可以尽情想象对方的美好，可见了面，通常都会让人失望，所以之所以叫作网友，就是最好只保持网上接触。

3.分享网络生活。你要让爸爸妈妈或者你的朋友多了解你在网上的"行踪"。特别是你接触最多的那几个网友的网名，都应该让身边的人知道，这样万一有事情发生，我们也可以在最短的时间内掌握状况，解决问题。

4.学会拒绝。妈妈觉得找一个合适的借口去拒绝网友见面并不难，比如你可以跟他说，你假期很忙，他约你见面的时间你刚好在上补习班；或者说，过节了要走亲访友、同学聚会、写寒假作业或者出门旅行，等等，都是可以的。当然，最简单的方式就是直接告诉他，你交网友的原则就是"距离产生美"。不想因为见面破坏了这种美好。也许网友也有这种想法呢！

女儿，不要跟陌生网友见面就和不要跟陌生人讲话是一个道理。你们由于社会经验少，通常把世间的事情看得特别简单，把网上的恋情看得太过美好，很容易被网络虚像迷惑，而且好奇心强，遇事缺乏随机应变的处理能力。女儿，你要牢记网络是虚拟的！所以记住不要跟陌生网友见面，要提高警惕，不要被坏人欺骗！

第五章

早恋就像一个青苹果，苦涩而无味

懵懂"早恋"，把纯真埋在心底

亲爱的女儿，当你偷偷抹上了红唇；背着妈妈穿上了高跟鞋；当你的日记本不再随意放在桌子上，而是放进上了锁的抽屉里；当你变得更爱美的时候，妈妈知道，女儿你长大了。妈妈很开心，你的人生进入了一个新的阶段，不过随之而来的是担心，因为妈妈发现你最近经常夸赞你们班的班长，妈妈发现你对他似乎有一些特殊的情感，所以妈妈今天想和你聊聊早恋的一些事儿……

婷婷是一个安静内敛的女孩子，长得也很漂亮，她的学习成绩一直也很好，老师和同学们都很喜欢她。不过王鹏的出现，改变了婷婷的生活，王鹏是校篮球队的队员，高大帅气的他朝气蓬勃，很受女孩子喜欢，婷婷也不例外。在一次体育课上，篮球不小心打到了婷婷旁边，婷婷捡起球准备还回去，就看见帅气的王鹏朝他走来，王鹏接过了婷婷手里的球，笑着说"谢谢"。那一刻，婷婷的心里有一丝别样的感觉，脸腾地红了起来。随后的几天，婷婷的脑海中总是浮现出王鹏的脸，上课总是走神儿。丽丽是婷婷的好朋友，她发现了婷婷的变化，为了帮助好朋友，丽丽找到了王鹏。她和王鹏说了婷婷的心事，并约好了放学一起去图书馆。就这样王鹏和婷婷结识了，他经常带婷婷出去玩儿，送婷婷回家，婷婷也尝到了恋爱的感觉。每一个故事的开始都是美好的，刚开始进入恋爱的他们是美好的，一到放学两个人就约好了出去玩儿，看看电影、逛逛街、玩玩游戏，甚至他们也会逃课出去玩儿。久而久之，由于一直忙于谈恋爱婷婷分散了大

量的精力，成绩不断下滑，在一次模拟考试时，婷婷的成绩从班级前五名掉到了二十多名。而且婷婷总是幻想着两个人在一起的玩与乐，上课的时候愈加不集中精力了，总是发呆。婷婷的变化引起了老师的关注，知道婷婷谈恋爱后，老师找婷婷聊了许久，好坏对错老师都给一一点出。最终婷婷听了老师的意见，也意识到了自己的错误，果断地放下了那份本不应出现的"情感"。

亲爱的女儿，妈妈就是想借着婷婷的故事告诉你。花季的少女随着生理的日渐成熟，异性间的吸引力迅速上升，往往不由自主地对异性产生兴趣、好感和爱慕，于是好奇并抑制不住冲动想去尝试恋爱的滋味。但是，通过早恋而真正走向婚姻的寥寥无几，所以妈妈觉得早恋是个美丽的错误。之所以美丽，是因为它干净纯粹，不用考虑家庭、金钱、义务等一系列问题。而之所以又说是错误，因为未成年人没有能力去承受一份过于沉重的感情，很难理解和把握爱的真谛，所以很容易因为承受不了而伤害了彼此。而且在这个阶段你们最重要的是学习，不要因为那模糊不定的"恋爱"而错过最好的学习年华。

女儿，还记得妈妈带你去采摘吗？我们摘草莓、摘樱桃、摘苹果，在摘水果的时候，我们都会选熟了的摘下，因为我们都知道，只有熟了才会是甜的。感情也同理，一份过早萌生的感情，就如同一个青苹果，苦涩又没有味道。与此同时，也浪费了一枚果子，使它再无成熟甜美的可能。所以有些感情是要珍藏在心底的，一旦付诸实施，不仅会破坏了这种美丽，更会让男女生之间纯洁的友谊变了味儿，甚至犯下美丽的错误，并为之付出惨痛的代价。

事实上，由于这种美丽的感情而造成的错误也数不胜数：有的孩子早恋，耽误成绩，荒废学业；有的孩子为情所困，难以自拔；有的孩子为了证明自己的感情，不惜自残，甚至放弃自己的生命。女儿，你说一个连自己都不珍爱的人，又会珍爱他人吗？为爱痴狂、为情自杀的案例比比皆是，一桩桩悲剧的发生，一朵朵鲜花的凋零，是多么让人痛心遗憾！

所以妈妈想给你几个建议，希望你能认真想想。

1.妈妈希望你不要过早地打扮成成年人的样子，每一个年纪都有属于它独特的美。

2.妈妈希望你不要有太多的男性朋友，因为经常在一起很容易萌生感情，而这些感情并不是爱情。一旦你不能理智地处事，就会徒增很多烦恼。

3.妈妈希望你少看一些偶像剧，不要认为偶像剧的剧情就是现实生活，因为你们毕竟还年轻，思想还没有完全成熟，还不能真正理解和把握对方的心。

每个人随着年龄的增大和环境的改变，各自的价值观念和思想意识都发生改变。只是凭着一份朦胧的意识而陷入禁区，是漂在海面上的纸鸳鸯，经不起时间洪流的考验，最终得到的往往是苦涩的口味和几声悔不当初的感慨。

我亲爱的女儿，你的手还很小，你的肩还很窄，梦还很远，款款深情你握不住，沉沉厚爱你也扛不住。你能做的只是拿书握笔，实现自身梦想，强化自身的力量。

千万别和老师谈"恋爱"

女儿，和你谈这件事情之前，妈妈先给你讲个故事吧！

有一个15岁的女孩在自己的网络日志中这样写道：

我真的好喜欢我的数学老师，他不但年轻帅气，讲课也非常有趣，对待同学们都非常好。我知道班里有几个女生也在偷偷单恋数学老师，但我觉得数学老师对我是特别的，有时他上课的一个眼神我就知道是什么意思，而且他也常常对我笑。有好几次，我都想去跟老师表白，可是又怕被拒绝。不过，令我最伤心的是，前两天一个女生告诉我，数学老师竟然有女朋友了，而且两个人还决定要结婚了。听到这个消息，我非常伤心和痛苦，为什么数学老师的女朋友不是我呢？可是我又不能把心里的痛苦告诉别人，大家一定会认为我爱上老师是不对的，我该怎么办呢？要不要把对数学老师的爱说出来呢？

亲爱的女儿，事实上，很多青春期女孩都有类似的"恋师"现象，从心理学上来说，这是女孩性意识、性行为发展过程中的一种普遍现象，虽然有些时候它带给女孩的可能是不良的影响，但"喜欢老师"却是一种正常的情感。

为什么青春期女孩会产生这种爱恋老师的情感呢？首先，在学校里，男孩与女孩之间的交往是被禁止、被非议、被排斥的，在这种情况下，渴望异性关注的女孩为了满足与异性交往的需要，往往把目光转向了自己的老师；其次，成年的男性老师大多具有成熟的男性魅力，例如，青春期女孩经常从他们身上看到亲切、坚强、博学、耐心、帅气、自信等美好的一面，那么自然容易被吸引。当然，除此之外，女孩还可能受到影视作品、文学杂志等方面的影响，对"师生恋"存有一种渴望。

女儿，妈妈如何帮助你正确处理"爱上男老师"这一特殊情况呢？下面这些方法或许对你有所帮助。

勇敢地多和同龄人交往

最近，妈妈发现女儿清妍口中说得最多的就是她的新任化学老师，女儿总说化学老师英俊、知识广博，他的课也非常有趣，对学生也很和蔼。清妍经常对妈妈说班里很多同学都喜欢化学老师，甚至有几个女孩还把这位老师的照片存在手机里。清妍已经是高中生了，妈妈知道她对异性有好感，也知道这位男老师在女儿心中的地位很高。但妈妈并没有阻止女儿喜欢自己的老师，而是鼓励女儿多和同龄的孩子一起玩耍、学习，有自己不懂的问题，先问同学。慢慢地，妈妈发现女儿不再提那位男老师了，而是变成了同龄的同学。

女儿，让你健康快乐成长的最好办法就是鼓励你勇敢地和同龄人交朋友。因为在和同龄人的交往中，你们才会有更多的共同语言，也更容易摆正自己的位置。

认清对老师的"爱"究竟是什么

有一位女孩曾给心理专家写了这样一封信：

我是一名中学生，我有一个问题希望专家老师们为我解决。一年前，我喜欢上了我们班的地理老师，他对我也很好。可是最近我发现，他对另一个女孩比对我还好。论地理成绩，我比那个女孩好太多了，论学习的领悟能力和进度，我也比她好，就算比我们两个人的外貌，我也比她漂亮多了。可是我们地理老师对那个同学就是特别偏爱，对我的关注也少了，我心里真的非常难过。有时候，我真希望那个女生转学，永远不要出现在地理老师面前，可是我又觉得这样的自己很小心眼儿，很厌恶自己。我该怎么办呢？

其实，很多青春期女孩对老师的喜爱并不是爱情，而是渴望从老师那里得到一种关注和肯定。如果老师对她特别地关注、肯定和喜爱，那她自然对这个老师也特别喜爱，而一旦老师把这种喜爱分给了其他的同学，那么因为被忽视而产生的忌妒心就会令女孩很难过，有些女孩甚至会有"失恋"的感觉。

所以，我们首先应该要引导女孩认清她对老师的"爱"究竟是什么，然后再采取相应的办法解决。例如，如果你的

女儿和上述事例中的女孩一样，对老师的喜爱是来自老师对自己的关注和肯定，那么妈妈就要一方面多给女儿关注和肯定，然后要让女儿明白老师对待每个同学都有关注，也许关注的程度不一样，但她绝不是最特殊的那一个，让她摆正心态；另一方面，我们也可以在女儿不知情的情况下，和她喜爱的老师聊一聊，让老师在教学的时候既不要太忽视自己的孩子，也不要给她太多的关注，以免让她误会。

不要将情书视为爱情

一天，妈妈在帮助女儿整理房间的时候，发现女儿枕头底下有一张漂亮信纸。一时好奇，妈妈就打开看了一眼，没想到竟然是男孩写给女儿的情书，这个男孩说第一次见到女儿时，就被女儿的善良、温柔所感动，希望女儿可以做他的女朋友。看着这封"情真意切"的情书，妈妈的心里隐隐有了一丝担忧，万一女儿被这封信打动，万一对方也是女儿喜欢的男孩，那么他们会不会早恋呢？后来，女儿回到家的时候，妈妈就问她这封信是怎么回事，女儿发现妈妈乱翻自己的东西，很生气，于是她不屑地说："不就一封情书吗？你女儿我有魅力，收到情书很正常！"可越是听女儿这样说，妈妈的心里就越不踏实。

女儿，或许你也遇到过种事情吧！妈妈也和这位妈妈一样，担忧收到情书的你陷入早恋，或在拒绝时受到伤害或伤

害到别人。

一般来说，你们女孩收到情书也会非常烦恼，因为不知道是答应对方，是回绝对方，还是置之不理，要不要告诉父母、老师？这无形中就会带给你一种压力。那么在收到情书时，你应该怎么处理呢？

拒绝情书的方法

女儿收到情书时，有一位妈妈是这样做的：

有一天，14岁的女儿有些神色慌张地回到家，我以为是她期中考试成绩不理想，于是准备晚饭后再慢慢开导。

吃饭的时候，我发现女儿心事重重，就有意识地引出很多话题，但都被女儿平静地答复了。平时我们母女就像好朋友一样什么都聊，所以说着说着，女儿支支吾吾地想提问了，可是好像很难开口，她说："妈妈，呵呵，嗯，这个——"我笑着说："有什么就说，你还能有什么不能告诉妈妈的。"女儿说："也不是不能告诉您，但您不能笑话我，也不能责备我。""好，你说吧！""妈妈，您以前上学的时候给别人写过情书吗？您收到过情书吗？那您又是怎么办的？""妈妈没有写过情书，不过收到过情书，但是我那时候觉得学习最重要，所以很快就拒绝对方了！""那如果有男生给我写情书，我也不想谈恋爱，该怎么办？""你可以直接拒绝他，但说话不能冲，毕竟对方是男孩，自尊心很强。你可以委婉地告诉对方，你想先好好学习，感情的事情以后再说，大家可以心无芥蒂地做好朋友。"……经过和我的一番谈话，女儿得到了很多拒绝别人情书的方法，她的难题也解决了。

女儿，这位妈妈做得非常好。一般来说，你们女孩子收到情书后，最想知道有什么办法能把这件事情处理好，比如说在拒绝男孩时怎样才能让对方不难堪。其实，拒绝情书的方法有很多种，例如：冷却法，对对方不予理睬或适当回避，避免和对方过多接触；直接法，就是直接拒绝对方，让对方断了对自己的想法；给对方写一封婉转的回绝信，信的内容切忌挖苦打击对方，也不要和对方暧昧不明。

不要将情书视为爱情

这天，妈妈在给女儿洗衣服的时候，突然发现女儿口袋里有一封信，打开一看，竟然是男孩给女儿写的情书。拿着这封信，妈妈愣了半天，想要立刻好好教育女儿一顿，可是又怕适得其反。于是，妈妈又将这封信放回了女儿的口袋，而这件衣服妈妈也假装忘了给女儿洗。事情过去两天之后，妈妈故意和爸爸演了一出"双簧"，间接地告诉女儿他们两个上学的时候也都收过情书，但那只是对异性的一种欣赏，并不是爱情。女儿并不知道自己收到情书的事情被父母知道了，不过从这一番谈话中，妈妈料到女儿已经知道如何处理自己的事情了。

女儿，妈妈也非常欣赏这位的妈妈做法，她懂得先让自己在一种理智的情况下去和女儿沟通，而且她也没有对女儿收到情书这件事情不闻不问，而是想办法去解决。

女儿，其实你们这个年龄的女孩子还不能完全了解情书，它所传达的有时仅仅是一种喜欢，而且这种喜欢往往具有很大的盲目性，和真正意义上的爱情是不同的。如果把这种喜欢当成爱，甚至全身心投入的话，很可能会误入歧途，既伤害了自己又伤害了对方。因此，妈妈提醒你，不要将情书视为爱情。

不要为了恋爱而恋爱

女儿，妈妈去给你开家长会，你们班主任说，你们班最近有好几个同学早恋了，带得班里的风气有些不正。有好多同学看到他们早恋，也有点儿跃跃欲试，让家长回家和你们聊聊。其实妈妈之前也跟你说过，我对这种跟风早恋行为，一向是不认同的，因为妈妈觉得盲目从众就是愚蠢，所以妈妈想跟你说一说跟风恋爱的危害。

小希是一名高中生，有一天晚上，小希刚吃完晚饭，回到寝室正准备看书。突然手机震动了一下，仔细一看是好朋友在微信上发过来一张照片，照片上她亲昵地挽着一个男生的胳膊。正当她纳闷这个男孩是谁的时候，好朋友又发了一条消息过来，"我恋爱了"四个大字，紧接着好朋友向她津津乐道地提起她跟男朋友认识的过程："男孩是她的学长，一起出去吃了几次饭，几次接触以后就熟了，觉得人不错，长得也还行，慢慢地就自然而然地谈起了恋爱……"小希一边耐心地听她说着，一边笑着祝福她。最后正当小希准备结束聊天的时候，好朋友又噔噔噔地发来了几条消息："小希，我都谈恋爱了，你也得抓紧找啊，你喜欢什么类型的，快跟我说说，我男朋友有好多朋友，我给你介绍啊！" 小希仔细想想，也是啊，同学里谈恋爱的太多了，自己为什么不找一个体验一下呢。小希就跟好朋友说自己喜欢阳光帅气的，最好会打篮球。好朋友跟她说："没问题，包在我身上，等我的好消息哦。"不得不说，小希的朋友办事效率特别高，很快就给小希介绍了一个男孩子，两个人交换了微信，很快两个人就谈起了恋爱。男孩子对小希十分关心照顾，每天都嘘寒问暖，一到放假四个人就一起出去玩。恋爱的甜蜜让小希觉得自己当初的选择十分正确，小希越来越喜欢这个"男朋友"。可是好景不长，小希发现男孩子不再像以前那样关心自己了，有时候宁愿跟室友打游戏也不出来陪自己了，两个人经常因为一些小事争吵。有一次，男孩子被小希吵烦了，就跟小希提出了分手，小希十分伤心。在小希的追问下，男朋友说了实话：当初就是看大家都谈恋爱，为了跟风，才同意跟她在一起的，自己只不过是玩玩而已，还嘲笑小希说："你当初不也是跟风才跟我谈恋爱的吗，现在这么认真做什么。"听了男朋友的话，小希十分难过。更后悔自己不该跟风谈恋爱，不但影响了学习，还让自己受到了很大的伤害。

女儿，在这个特殊的青春期，尤其你们这一代人，兄弟姐妹都比较少。你们都害怕孤独，希望有人陪伴，也渴望品尝爱情的甜蜜。看到别人谈恋爱，自己也想要尝试着谈一场。可是女儿，恋爱真的有那么好谈吗？你身边的同学、朋友，是真的喜欢对方吗？你想想她们是真的想一辈子陪伴在对方的身边，还是盲目跟风？她们真的会有未来吗？

女儿，感情本应该是顺其自然的，而不是为了随大流，或者为了证明自己有人爱而恋爱，所以妈妈给你个建议，给你参考。

不要为了恋爱而恋爱。有些女孩因为攀比，觉得别人都有男朋友，自己也得有。有的女孩更是为了面子，寝室的同学都有男朋友了，自己没有很没面子，就盲目跟风谈恋爱。这种从一开始动机就不纯的，为了恋爱而恋爱的，慢慢就会

发现理想跟现实的差距，通常他们最后也都没有结果。

有的女孩为了跟风，会接受别人介绍的，或者跟网上认识的人谈恋爱。因为不了解对方，就会浪费大量的时间和精力谈恋爱。后来发现对方并不适合自己，既影响了学习，又浪费了自己的感情。

女儿，恋爱对象的选择是一个十分复杂的过程，既要有经济基础，又要有共同的理想，共同的品德和情操。跟风谈恋爱就好像是考试的时候本来还有很多时间去认真做题和检查，可是看到别人提前交卷了，自己就开始着急了，随便乱写一通草草交卷了，结果可想而知。所以女儿，谈恋爱绝对不要跟风。

"失恋"了怎么办

女儿，在网络上，我们经常会看到一些女生关于"失恋"求助的帖子：

"我暗恋一个男孩很久了，上个星期放学回家的时候，他还冲着我温柔地笑了一下呢！我想他也是喜欢我的吧，可是昨天我才知道，他马上要转学了，我们以后恐怕没机会见面了！我'失恋'了，怎么办呢？要不要告白呢？"

"今天，我爱了两年的男孩突然和我说分手，我痛苦极了。失去了他的爱情，我活着还有什么意思呢？我怎样才能让自己解脱呢？"

"我在初中的时候曾经谈过一个男朋友，后来上高中我们没在一个学校，而且为了学习和其他的一些事情，我主动提出了分手。原以为分手是一件很简单的事情，可是没想到会这么痛苦，导致我现在学习成绩也跟着下降。虽然我不后悔分手，可是心里也不舒服，有没有什么办法可以帮我尽快从失恋中走出来呢？"

……

其实，生活中像这样"失恋"的情况很多，中学时期的恋爱虽然看起来稚嫩、美好，但同时也很脆弱，再加上不被家长、老师所承认，所以女孩们的心里都会增加很多负担，甚至每天都在想办法如何在享受甜蜜恋爱的同时又不被人发现。也正因为如此，在"失恋"的时候，女孩会很痛苦和烦恼。女儿，失恋并不可怕，只要你用积极的心态接受它、理解它，你就会发现，失恋只是人生中一个必经阶段。妈妈告诉你缓解失恋压力的几个方法。

学会正确地宣泄情绪

最近妈妈在网络上看到一篇文章，是一位妈妈发表的。

女儿最近受了打击，因为交往一年多的男朋友突然和她分手了。因此女儿的脾气变得特别暴躁，整天把自己关在屋里，饭也不好好吃，好朋友来找她玩儿，她也不出去。我劝女儿，不必为了一个不爱自己的人让自己这么痛苦，但她根本不听，还冲我大吼："您什么都不懂！以后我的事情您少管！"后来，女儿迷恋上了网络游戏，经常去网吧，还学会了逃学。眼看就要中考了，我很担心她。

亲爱的女儿，失恋的时候一定要将心中的失意与苦闷倾诉出来，甚至可以大哭一场，或找几个好朋友倾诉，或把自己的失恋感受用文字记录下来，也可以选择大吃一顿。总之，如果遇到失恋，妈妈希望你把失恋引起的不良情绪宣泄出来，逐步从失恋的阴影中走出来，变得坚强、乐观。

要勇敢地正视"失恋"，学会换位思考

有一位妈妈的教育经验是这样的：

几天前，我从女儿的好朋友那里知道她失恋了，女儿很痛苦。为了帮助女儿摆脱痛苦，我主动找到了那个男孩，想知道他们分手的原因。那个男孩对我说："阿姨，我知道早恋不对，但我确实很喜欢您的女儿，她非常聪明。可是，还有一年我们就要参加高考了，我的时间和精力有限，我也没有她聪明，我必须付出更多的努力才行。否则，我就太对不起我爸爸妈妈了。"后来，我把这个男孩的话婉转地传达给女儿，女儿听后思考了很久，像是下了很大的决心。一年后，当女儿和那个男孩都拿到大学通知书的时候，女儿这样对我说："妈妈，谢谢您为我做的一切。如果不是您主动找那个男孩让我得知分手的真正原因，我可能会一直消沉下去，是您让我学会了如何解脱自己和为别人着想。"

女儿，失恋本来就不是"天塌下来"的大事，只要勇敢地正视一段感情的结束，多站在对方的角度想一想，那么自己的痛苦和烦恼也会减少很多。再说，恋爱有成功，自然也会有失败，而两个人的感情也会有好有坏，所以凡事不要太苛求，学会换位思考，自己就会快乐很多。

陷入单恋怎么办

女儿，你们女孩子进入青春期后爱慕异性，是一种很正常的心理现象，而"单恋"是这场"爱慕"里的"常客"。

所谓单恋，是指一方对另一方一厢情愿的喜爱与倾慕。通常来说，单恋对于大多数青春少女就像一场美丽的"爱情误会"，是一场情感错觉。例如，有的女孩可能是因为对方帅气的外表而倾心，或是因为对方学习好而喜欢，也可能是因为对方体贴、温柔的性格而喜欢，总之，单恋只是自己的主观感受，而对方毫无表示，甚至根本不认识自己。

小娟今年要上高三了，可是最近她特别烦恼，根本没心思学习，因为她发现自己爱上了班里的体育委员，一个长相帅气、学习成绩优异，又很有才气的男孩。记得有一次，小娟生病了，但还是坚持上课。下课后，那个男孩不但给她买了一盒感冒药，还温柔地嘱咐她回去休息，虽然那个男孩也经常这样关心其他的同学，但小娟觉得他对自己的关心是与众不同的。

从那之后，小娟就特别想要听到他的声音、看到他的笑容，上课也总是走神，她甚至希望自己天天生病以期待得到那个男孩的关心。但是对方却丝毫没有察觉，依然那么热心地关心同学。有时小娟看到他和班上其他学习好的女孩融洽地相处，就感到特别自卑，但是单恋一个人很痛苦，可她又不敢和别人说，现在她根本没心思学习。

女儿，你们青春期女孩与男孩在感情问题上，"落花有意流水无情"的事情经常发生，毕竟单恋不是两情相悦，它会让你们女孩子觉得痛苦、不知所措，甚至想要去证实对方对自己到底有没有好感。而这个证实的过程和最后的结果同样会令你们焦急、无助、痛苦，因此作为妈妈，我必须要引导你正确对待"单恋"，正确处理遇到的感情问题。

有一天，青少年心理咨询中心接到了一位妈妈的邮件：

我的女儿刚上高三，学习成绩一直很优异，而且长得很漂亮，在学校很受异性关注。但她性格内向，不善言辞，3年前，她喜欢上同班的一个男孩，一直藏在心里，结果把自己搞得精力涣散、失眠、焦虑、急躁，学习成绩也跟着下降。我们了解了女儿的情况之后，并没有及时帮助和引导她化解不良情绪，甚至还责怪她，结果女儿认为我们根本不尊重、不理解她，竟然在高考前离家出走了。我真不知道现在要怎么办了！

女儿，你们女孩子进入青春期后，随着性生理的成熟、性意识的萌动、影视媒介的刺激等，会发生很多单恋的故事，可能有的很甜蜜，而有的却很痛苦，而且大多数青春期时的"单恋"都会随着成长的脚步变成回忆里的一首小插曲。

女儿，你们这个年龄，心理尚未完全成熟，单恋现象较多见。首先是自己爱上了对方，于是也希望得到对方的爱。在这种心理作用的支配下，就会错把对方的亲切和蔼、热情大方当作是爱的表示，于是自己就陷入单恋不能自拔。

女儿，预防单恋，首先要避免"恋爱错觉"，妈妈告诉你几种处理方法。

学会准确地观察和分析对方的表情，用心辨别对方对你的真实感情。

视其反复性，某种信息的经常出现可能意义很深，而单单一两次就不足为凭了。

用联系的观点看问题。把某种信息和其他因素结合起来考虑，如果男孩子是副热心肠，对谁都乐于帮助，那么你大可不必胡思乱想。

亲爱的女儿，单恋固然会体验到一种深刻的快乐，但更多的是情感的痛苦。一旦单恋已经发生在你的身上，必须尽快采取措施：

1.分散自己的注意力，努力从压抑的情感中摆脱出来，如可以经常参加有益的活动，或全身心投入到学习中。

2.克服羞怯的心理折磨，勇敢地以正当方式向男孩表达情意，无论得到什么结果，均有助于摆脱单恋的痛苦。如果男孩积极回应，则表明他也喜欢你，没有效果则用理智战胜感情，抛弃幻想。

3.努力淡化心目中那位"完美无缺"的偶像的印象。可

赶紧从单相思中解脱出来

以走点极端，仔细找一下男孩的缺点，以引发自己对男孩的适当"反感"。

女儿，妈妈首先从心里认同单恋是一种正常现象，你也应该认同单恋是一种正常现象，能够顺利地度过这个"单恋"时期，更加健康、积极地生活、学习。

不要让所谓的爱情冲昏头脑

女儿，昨天妈妈去你大姨家了，你表姐喜欢上了一个年龄很大的男人，非说自己跟他才是真爱。大姨跟你表姐怎么说都说不通，急得病倒了。所以今天妈妈就想跟你聊一聊：不要让所谓的爱情冲昏头脑！

张静是一名高三的学生，长得十分漂亮，学习也很努力，家里条件也不错。最近张静恋爱了，她的男朋友是一名工人，长的特别帅，当初张静对他一见钟情。按照张静的话说，她男朋友满足她对未来伴侣的所有幻想，但唯一缺点就是男朋友家是农村的，家庭条件不是很好。在一次偶然中张静发现自己怀孕了，张静一想，反正将来也一定要嫁给他，不如直接辍学结婚生下宝宝。于是就跟男朋友商量见父母，男友的父母非常喜欢张静，希望他们两个赶紧结婚。但是张静的父母却坚决反对，要求张静赶快去把孩子打掉。张静的父亲更是十分伤心，觉得非常丢脸，张静的父亲跟张静说，如果她一意孤行，就跟张静断绝父女关系！张静的母亲只能在一旁默默流泪。张静听了父亲的话十分伤心，但是她还是选择坚守自己的"爱情"。张静决定跟男朋友"私奔"。两个多月后，张静的男朋友因为公司不景气失业了，她们两个人生活陷入了窘迫。生活的压力让男孩的脾气越来越差。有时候竟然还把气撒在怀孕的张静身上。张静越来越憔悴，

每天都以泪洗面。她开始怀疑这是不是自己想要的爱情。她和男朋友即将花光所有的钱，两人似乎已经走投无路。有一次张静提出去做兼职，没想到却激怒了刚失去工作的男朋友，他愤怒地打了张静，认为张静看不起他。正在这时，妈妈转给了张静一万元钱。还额外给张静发了五个红包，告诉张静："一万块钱的转账是给你的生日礼物，你们可以花，但五个红包不要动，算是留给自己回家的路费，在委屈的时候可以回家。"张静终于醒悟了，是自己当初被所谓的爱情冲昏了头脑，张静自己去了医院打掉了孩子，然后回家了。当她脸色苍白地出现在家门口，等待她的是母亲温暖的怀抱，一向严厉的父亲也偷偷地抹眼泪。张静此时才感受到父母对自己的爱和宽容，而自己的自私和任性，给父母和自己造成的伤害是无法原谅的。

女儿，很多女孩都会被这种所谓的爱情冲昏头脑，她们往往都是轰轰烈烈地开始，最后却凄凄惨惨地收场。当我们在同情和愤慨的同时，是不是也应该想想，其实这些女孩在选择这段感情的时候就缺乏应有的理性，对本该面对的现实视若无睹，最终只能接受一时冲动带来的沉痛代价。

女儿，为了避免被所谓的爱情冲昏头脑，妈妈告诉你几个忠告。

1.无论遇到什么事情，绝不能放弃学业。女儿，人生只有一次，一旦选错了路，就没有反悔的余地。如果为了所谓的爱情，放弃了学业，就等于把自己的命运交付在别人的手中，时光不能重来，所以一定不要头脑发昏放弃学业。

2.要学会及时止损。女儿，如果真的不小心误入歧途，一定要学会及时止损。不要为了面子，或者其他的顾虑不敢回头。

女儿，青春期的女孩经常会因为所谓的爱情奋不顾身，不过最后却是竹篮打水一场空。就像张静，除了伤痕什么也没有留下。所以不管到什么时候，都要理智地想问题，切勿因为一时脑热毁了自己的一生。

与男生相处要懂得把握分寸

女儿，学校要放假了，妈妈想到学校接你，给你个惊喜。结果妈妈被惊吓到了。我在车里看见你跟一个男孩追打着从学校跑出来，你居然还跳到了男孩的背上。他背着你往前走，你还用双手拽着他的耳朵，妈妈觉得这种行为很不好，所以今天我必须严肃地跟你谈一谈：跟男生相处要懂得把握分寸！

孙鹏和张梦是同班同学，张梦是一个大大咧咧的女孩子，但是孙鹏却是个心细如发的男孩。学校为了丰富课间生活，在每天中午都会通过广播的方式为大家带来"午间欢乐谷"节目。孙鹏和张梦就是节目的主持人和策划人，两个人经常一起探讨，给栏目出谋划策。同学们都爱逗他俩说："孙鹏，张梦这么美，你是不是想天天跟张梦在一起主持节目啊，要不然你就把张梦追到手，做个夫妻档栏目吧。"孙鹏听了同学的话笑而不语，张梦则是大大咧咧地说："如果我三十岁还嫁不出去，我就找孙鹏接盘，到时候弄个夫妻档栏目。"说着还用手拧着孙鹏的耳朵，问他愿不愿意，孙鹏逗她说："天天这么拧耳朵，谁敢娶你。"张梦听罢就追着孙鹏打闹了起来。有一天，孙鹏过生日，晚上大家一起去给孙鹏庆生，喝到一半大家提议做一个游戏：真心话大冒险。轮到张梦了，张梦抽到了一张纸，上面写着勇敢，同学们起哄，让张梦拥抱一下孙鹏，张梦平时就大大咧咧的，再加上喝点儿酒，就给了孙鹏一个拥抱。大家一顿欢呼，玩得十分热闹，不一会儿张梦有点儿困了，就坐在桌边睡着了。看着张梦的脸，孙鹏的心里闪过了一些别样的情绪，他想，他可能喜欢上了张梦，想着平时两个人的日常，孙鹏觉得张梦也是喜欢自己的。他情不自禁地摸了摸张梦的脸，张梦突然惊醒了，她看到孙鹏的手还在摸自己的脸，如同受惊的小鸟，还没等孙鹏说话，就跑远了。之后的几天张梦都没去上学，一想起跟孙鹏的亲密接触就觉得自己被侵犯了，这让张梦的心理压力非常大，过了不久张梦就转学了。因为张梦的没有分寸感，让孙鹏误以为她喜欢自己，才造成了现在的结局。

女儿，跟男生相处自爱和自重是非常重要的。两个人相处的时候，彼此都应该约束自己的言谈举止，把握好分寸，这样才不会越界，既不会让对方难堪，也不让自己处于尴尬的境地，这样的友谊也会更长久，更纯粹。

女儿，可能你不知道怎么做才能把握好这个度，才能不让对方误解，让彼此能有个融洽的关系，妈妈给你总结了几点，希望你运用到平日与男生的相处中。

1.避免身体接触。和男生相处的时候不要太随便，不能开过分的玩笑，有过多的身体接触，以免引起误会。

2.说话要有尺度。要自尊自爱，宽容大度，可以适当地关心彼此，但一定不要过分，要注意把握尺度与方法。

3.避免单独相处。不要太频繁地单独和一个男生出去玩，更不要在晚上单独在一起。尽量白天相处，选择群体性活动。

4.说明立场。提前跟男孩子表明你只想跟他保持友谊关系，这样可以在很大程度上避免对方有其他想法，避免双方受到伤害。

5.相处有度。不管你跟哪个男孩子玩得比较好，都不要过于依赖对方，也不要过分关心他的感情生活，更不要送贵重的礼物。否则很容易引起不必要的误会。

女儿，人与人之间的相处是需要技巧的，懂得掌握分寸，懂得什么时候该做什么事，怎么恰当去做，这都是一种能力，更是一种本事。同样，懂得分寸感的人也会得到他人的尊重。所以，妈妈希望你能拥有这种能力，保持好彼此间的距离，控制好彼此间的关系，不越界彼此间的情谊。

第六章

保护好自己，正确对待青春期性萌动

正确对待青春期"性幻想"

女儿，"性幻想"对于你们这些处于青春期的女孩来说，是正常的性生理和性心理现象，但是绝不可沉迷其中，否则会对青春期女孩的身心健康造成不良影响。

15岁的小荷最近一段时间非常痛苦，她觉得精神出了问题，于是偷偷地来到一家心理咨询室。心理医生一看面前这位面容憔悴、眼神忧郁的少女，就认为这个女孩一定有"心病"，于是就让她详细地谈谈自己身体的症状。小荷告诉专家，她学习成绩一般，平时的爱好就是看小说，慢慢地，她对书中的爱情故事着了迷，于是，自己在心中也开始编故事，在她的故事里，自己成了漂亮的公主，并被英俊的男孩追求。以前自己只是在故事中沉迷，可是久而久之晚上就开始做一些奇怪的梦，自己有时甚至希望永远沉浸在这种梦中。到最后，她开始变得目光呆滞，神情木讷，自言自语，她十分痛苦。针对小荷的症状，心理专家给她做了检查，最后诊断她是患了强迫性神经症，后来经过几个月的心理和药物治疗，她终于好了。

心理学家认为，像小荷这种长期无休止地沉溺于性幻想的青春期女孩，不但会影响自己的学习以及与他人的正常交往，而且很容易出现精神活动的异常，引发更严重的问题。

坦然面对青春期性幻想

有一位妈妈的教育经验是这样的：

最近几天，我觉得上初二的女儿精神状态很不好，晚上失眠，白天不想早起。于是，等她放学后，我问她："你最近怎么啦？是不是身体不舒服，妈妈要不要带你去医院看看？"女儿听我这样问，脸上有些慌乱，又有些羞涩和难堪，她低头思考了一会儿，深吸一口气对我说：妈妈，我告诉您我的问题，您不准笑我，也不准说我，这两天我痛苦极了。""你说吧，妈妈不会笑你！"女儿说："我——我喜欢我们班一个男生，最近不知什么原因，我脑子里总有一些幻想，一会儿是我和他在海边散步，一会儿是我们在水中划船……我很害怕，我不想去想这些，可就是不由自主地去想，妈妈，我是不是病了？"我对女儿说："孩子，你不用担心，这是你这个年龄段很正常的一种现象，叫青春期性幻想。不过，这种幻想要适可而止，否则对你的身心都会造成伤害。这样，周末妈妈带你出去旅游，去散散心。"听完我的话，女儿脸上的表情舒展了很多。

女儿，你要坦然面对青春期性幻想这件事情，性幻想并不是"肮脏的、变态的、有病的"，而是青春期女孩在性发育时期具有的性心理活动的正常表现。但同时也要意识到，性幻想会对你的学习、生活、身心健康造成不良的影响，应该学会把精力放到学习、娱乐活动中去。

学会调适自己的性心理

有一个16岁的女孩在日记中这样写道：

我不知道自己最近怎么了，为什么总是想那些男女之间的事情。明明知道不应该，可就是控制不住自己。晚上做梦竟然梦到有一个男孩吻我，他是谁呢？我为什么看不清他的脸？如果继续这样下去，我想我一定会神经的，我该怎么办呢？我觉得自己现在就像活在黑暗中，如何抛开这些龌龊的想法，让自己阳光起来呢？

女儿，现实生活中，很多青春期女孩都和上述事例中的女孩一样，渴望找到一种能从性幻想的世界中逃脱出来的途径。

妈妈教给你几种摆脱性幻想的方法：

1.自我暗示法，让自己在性幻想出现时，对自己暗示说："这对青春期的我是正常的想法，下面我要认真地看书。"久而久之，就会学会自我控制。

2.情境变换法，如学习时走神而发生性幻想，可以选择出去运动、和同学聊天、看看风景等转换一下情境，缓解一下由于性幻想带来的心理压力。

　　3.想象放松法，让自己寻找一个安静的环境，并以最舒服的姿势坐着或躺着、深呼吸、尽量放松等。

妈妈应该这样和你谈"性"

女儿，妈妈最近在网上看到一篇文章，是一位妈妈的求助信：

我的女儿11岁了，有一天我在书店买了一本英国儿童性教育绘本，这本书女儿很喜欢看，可是我心里却很忐忑，怕女儿突然问一些我不知道怎么回答的问题。没想到，还是躲不掉，这天女儿看到两张人体图时，突然惊讶地说："啊，这不是尿尿的地方吗？妈妈，这上面说的精子卵子是什么啊？它们又是怎么结合的呢？"面对女儿这一连串的问题和她那好奇的眼神，我不知道该怎么说，只得含糊过去，但显然没有让女儿满意，她还是整天问我男人和女人怎么生宝宝，精子和卵子怎么结合等问题。我真不知道怎么和女儿讲这些性问题，总觉得难以启齿，我该怎么办呢？

女儿，妈妈和这位妈妈一样也有这方面的烦恼，因为"难以启齿"这个理由回避有关性方面的问题，这也正是中国家庭性教育的尴尬与无奈的现状。事实上，无论是家庭还是学校，似乎都在尽量回避"性"，虽然在中学阶段学校大多都开设了生理卫生课，但有关"性"的章节，老师几乎从来都不讲，而学生自然也就无法确切知道有关"性"的问题。

正因为我们父母对于"性"的躲躲闪闪，才引起了你们女孩子对于"性"的更大好奇。要知道青春期这个阶段，越是看似隐晦、神秘的东西越是能激起你们女孩子的好奇心，挑起你们的冒险意识，甚至很多女孩子因为对"性"的错误认识，导致了一系列问题的出现。

亲爱的女儿，性对于中国妈妈来说是一个很微妙的话题，但我们不能主观认为"女儿大了这些问题自然就知道了"。要知道，正确的性教育不但能够促进你们女孩子形成健全的人格，而且还决定着你们一生的幸福。因此，妈妈必须学会如何正确地对你开口说"性"。

正确回答"我从哪里来"这个问题

曾经有一位专家在中学生群体中询问过这样一个问题："'我从哪里来'这个问题，你的妈妈是怎样对你说的？"结果显示，学生们的回答千奇百怪：

"我妈说我是从医院垃圾桶里捡来的。"

"我是从白菜地里种出来的！"

"我是坐着洗脸盆从河里漂来的，是奶奶捡了我。"

"我是我爸妈从烟囱里捡到的。"

"我是我妈从山上抱回来的，她还说当时有狼在后边追她。"

……

女儿，作为妈妈，我也应该反省自己，这些话妈妈也和你说过。不管说你是抱来的、捡来的、偷来的等，都是不对的。如果妈妈能一开始就准确地告诉你是从妈妈的肚子里来的，是爸爸妈妈爱的结晶，并告诉你精子和卵子是怎样结合的，那么你就不会对自己从哪儿来的产生好奇了。

简单直接、轻松自如地和女儿说"性"

这天，一放学回到家，上五年级的女孩可维就突然问

正在做晚饭的妈妈："妈妈，什么是精子，什么是卵子？"妈妈一听，当下脸色大变，严厉地说："住嘴，以后不许乱问！"感到很委屈的可维说："上课的时候老师没把这个问题讲清楚，我不知道才问的啊！"妈妈说："瞎问什么，以后这个问题谁都不能问，等你长大了就知道了！"谁知，可维说："为什么一定要我长大了才知道，我们班苗苗好像知道，明天我问她去！"妈妈一听，更恼火了，大声训斥女儿道："死丫头，谁都不能问！"可维莫名其妙地看着气冲冲的妈妈。

女儿，其实，可维的妈妈完全没必要故作神秘地训斥女儿一顿，因为"性"并不是一件可耻的事情，相反她这样做之后，会让女儿觉得"性"是一件羞耻的、隐蔽的事情，对女儿的性教育只能起到反作用。

女儿，多读一些青春期性教育的书，一些妈妈不方便直接给你说的性知识，可以从书中了解。

拒绝看色情录像、书刊和图片

女儿，最近我看了你的抖音，你喜欢的内容大多都是韩国电视剧里的爱情故事，还有挺多言情小说的推荐，让我十分担心。其实到了青春期，这种性萌动是十分正常的，但是对于像你这样懵懂的青春期少女非常容易受到它们的影响与诱惑。所以今天妈妈跟你谈一谈：色情视频、书刊的事儿。

女儿，由于青春期的发育，你们对于男女之间的事情都比较好奇，但是一旦你接触了，它就会像毒品一样吸引你，从而严重影响你的学习和成长。而且这些色情影片都伴有暴力，会严重影响你的世界观和人生观，甚至会导致你们道德滑坡、心理畸形、生活颓废等。所以一定要正确面对性萌动，杜绝色情影片的侵害。

女儿，看色情视频和色情书籍，百害而无一利，妈妈希望你能认清这些危害，远离毒害。

1.在意识上拒绝。在你们还没有定力以及判断力的时候，首先要从意识上拒绝，谨慎地选择阅读和观看的作品，这样才会让我们越来越有智慧。如果在定力还没有形成的时候，用好奇之心而且没有限制地去涉猎，会让你们的心过早被污染。

2.在行为上拒绝。与不良媒体直接划清界限，不打开、不浏览、不传播。在上网的同时多清理一下垃圾软件或者安装一些杀毒软件，以避免受到黄色毒品的侵害。正确对待描述爱情文艺的书籍作品，对于那些低级趣味的作品，一定要坚决抵抗与规避。

3.禁止传播荒谬且错误的性观念。色情录像与书籍不是科教片，它的内容是为了播放量增加而赚钱，往往会通过夸大或扭曲人类的性行为来吸引更多的浏览，却也会给你们传播一种错误而且荒谬的性观念。

女儿，网络的发达让一些不法分子有了可乘之机，使得色情视频无比泛滥，对人的精神思想危害非常大。俗话说："近朱者赤，近墨者黑。"即使你看了并没有去做，但是你的心灵也将受到或多或少的污染。色情视频足以淫化人的思想与行为，腐化人的品格与节操。所以，要坚决抵制淫秽色情的内容与信息。

警惕各种性骚扰、性侵害

女儿，有一天妈妈坐地铁去上班，看到了一个女孩，可能是起得太早了，妈妈感觉她还没睡醒。因为早高峰地铁人太多，她就站在妈妈前面不远，戴着耳机站着睡着了。有一个40岁左右的男人就贴身站在她的后面，我看他的身体都已经贴在女孩身上了。妈妈实在看不过去了，就喊女孩坐在我的位置上，她才脱离了那个男子，所以今天妈妈必须跟你说说：警惕各种性骚扰和性侵害。

　　淑婷是一名大学生，周末的时候就做做兼职，来增加自己的工作经验。因为自身条件的优势，淑婷经常能接到礼仪、模特这种工作，兼职期间淑婷认识了一位老板，他说可以给淑婷介绍空姐的工作。淑婷感觉这个老板特别和善，有一天这个老板让淑婷去一个咖啡厅等他，说有很重要的事情找她谈。结果淑婷在咖啡厅等了半个多小时。老板来了就直接将座位换到最里面的单间，淑婷一开始也没有意识到有什么不妥。本来两个人是面对面坐着的，老板突然问淑婷："你手上的手链真好看，谁给你买的啊？"淑婷说是妈妈给她买的。老板一下子就站了起来，然后走到淑婷那边，把淑

婷挤到了一个角落里，一只手搭着淑婷的肩膀说："我也可以给你买，比这更好看的手链，你想不想要？"淑婷非常害怕，使劲推开他说："您误会了，我不需要，我自己可以买。"但是由于体格差异，淑婷根本推不动他。老板得寸进尺地用手去摸淑婷的脸，一边摸一边夸赞淑婷的皮肤真好，说着就想凑过去亲淑婷，淑婷吓得大喊："你要是再这样我要喊人了！"听到淑婷的话老板才退回到自己的位置上，然后瞬间变脸，问她："你能不能做我女朋友？"淑婷果断地拒绝了，并且很认真地跟老板说："我是来求职的！"说完便快速离开了咖啡厅，回到学校以后，淑婷的内心还没有平静。老板又给她发来微信，说了一些诱惑、暧昧的话，淑婷看着老板下流的话，非常气愤，便撰写了有生以来骂人最狠的一堆话，发给老板，然后直接把他给删了。淑婷截图留了证据，发到了兼职圈里，告诫女生们要保护好自己，千万别上当，虽然淑婷知道肯定有女孩子会屈服于钱，但她仍然觉得自尊远远比金钱更重要。她想用自己的实际行动告诉所有女生，一定要对性骚扰说不！

女儿，淑婷的做法是十分正确的，遇到性骚扰一定不要懦弱，不要一味地害怕。这样只会助长恶人的胆量，你必须用你的实际行动来告诉对方，你不是他可以随便骚扰的人。如果他非要那么做，必须要付出代价！

女儿，你只有了解性骚扰的种类，才能知道如何避免遭到别人的侵害，所以妈妈给你整理出来，你一定要仔细看看并且牢牢地记在心里。

性骚扰的种类

1.跟你谈论有关于性方面的话题，询问你的个人隐私和生活，故意给你讲黄色笑话或者黄色故事，跟你讲述他对别人有关于性方面的评价。

2.用生殖器顶撞或者摩擦女生的身体，用手摸女生的身体，甚至将手深入女生的衣服里，用眼睛盯着女生的敏感部位。

3.在网络聊天或者视频中给你发送色情图片或者色情文字，甚至在聊天时暴露身体的隐私部位。

4.故意吹口哨，或者发出接吻的声音，身体或者手的动作含有性暗示，并用十分暧昧的眼光打量你，以及向你展示与性有关的物品。

如何避免性骚扰

1.不要胆怯。一旦在地铁或者公交车上被性骚扰，一定不要胆怯、沉默不语，这样对方会认为你默认他可以这么做。一旦发现对方有不轨行为，你一定要严词拒绝。必要时也可以大声叫喊、呼救，在气势上吓住坏人。

2.穿着得体，远离是非之地。平时穿衣服一定不要过于暴露，以免让人觉得你是故意卖弄自己。不去酒吧、迪吧这些极易出现性骚扰的地方。

3.行为端正，光明正大。不要轻易接受男性的邀请，更不要贪小便宜接受别人的馈赠。时刻注意自身形象。言语行为不轻佻。

4.用智慧和法律途径保护自己。一旦受到坏人的骚扰，第一时间报警或者告诉父母。让法律制裁这些违法犯罪的坏人，一定要学会用法律武器保护自己。

女儿，现在性骚扰和性侵犯的案例越来越多，为了你自己不遭受别人毒手，你一定要严格规范自己的行为举止。并且时刻警惕别人的行为，同时掌握正确避免性骚扰的方法，

把它当成保护自己的武器。

受到了性侵害，要及时告诉家长或报警

女儿，最近你姥姥跟我说，她们小区有一个十一岁的女孩，被邻居性侵了四次。小女孩因为受到了恐吓，不敢告诉父母，最后为了不再受到侵害，这个女孩喝农药自杀了。还好抢救及时才挽回了生命，这个时候父母才知道孩子被性侵了，赶紧报了警。通过这件事，妈妈觉得平时在这方面对你的教育较少，所以今天妈妈就跟你聊一聊：受到性侵害，一定要告诉父母或者报警！

案例一：

文文是一名初三的学生，家是农村的。有一次暑假，文文自己在家，有一个陌生的男子来家里找她的父母。面对陌生男子，文文没有任何防范之心，让他在客厅等着，自己打电话告诉爸爸妈妈家里来客人了，就没有再理会他。可谁知这个男子却突然闯进了文文的房间，一把将文文摁在床上，尽管文文不停地挣扎，仍然没有阻止住对方的罪行，男子强暴了文文，并跟文文说："你不能告诉别人，要是让人知

道了，我顶多也就坐几年牢，但是你的名声可就坏了，一辈子可就毁了。"说完男子就走了，看到男子终于走了，文文赶紧把门锁上失声痛哭。爸爸妈妈回来后，文文几次想告诉爸爸妈妈，但是一想到对方说的话，文文最终还是没有说出口。后来那个男子又趁文文父母不在家的时候，对她进行了侵犯，文文都没有告诉父母。长期在这种逼迫下的文文，变得十分孤僻敏感，直到妈妈发现文文"胖得有点儿奇怪"的时候，才知道文文被性侵怀孕的事。

案例二：

小玉是一名初中生，她是随爸爸妈妈来杭州打工的。一家人租房子住在郊区，因为爸爸妈妈工作忙，小玉更多的空闲时间是去好朋友小花家，因为小花家可以上网，玩网络游戏。一放暑假，小玉更是天天往小花家跑。也就是在这期间，小花的爸爸居然在小花妈妈不在家的时候，借故支开小花去做事，然后对小玉进行了性侵。受到侵犯的小玉赶紧跑回了自己家中，告诉父母自己被侵犯的事儿，父母马上报警，最终，小花爸爸被法院以强奸未成年少女判刑。随后父母又带着小玉去进行了心理疏导，帮助小玉走出了心理阴影，重新开始了生活。

女儿，如果文文能像小玉这样，受到侵害及时告诉自己的父母并报警，也不会受到二次伤害。所以一定要记住，受到了性侵害一定不要害羞，不要胆怯，第一时间告诉爸爸妈妈或者直接报警，让坏人受到应有的惩罚！

女儿，有些人和有些家庭对性有些羞于启齿，造成你们对性的认知有误区，导致遭到性侵害不知道如何是好，希望妈妈给你的建议能让你重新看待性侵问题。

1.发现对方不怀好意的时候，态度要坚决。女儿，当你发现别人对自己不怀好意的时候，甚至有动手动脚的越轨行为时，一定要严厉拒绝，并表现出强硬的态度，使对方打消

不良念头。若是一味地迁就与忍耐，就会使得对方更加得寸进尺，继续实施他的不法伤害。

2.不要怕丢脸、怕流言蜚语。有很多女孩被性侵后，觉得非常丢脸，怕说出去无法面对他人异样的眼光。因为惧怕流言蜚语，在遭到侵害后仍然选择沉默，不发声，宁愿一个人默默承受。这种做法不仅让坏人继续猖狂，也让自己陷入一个恶性循环，让这种伤害不停地折磨自己，甚至造成抑郁症等心理疾病。正确的做法应该是告诉父母并报警，让坏人受到法律的制裁。

3.避免二次伤害。有的女孩因为坏人的恐吓或者威胁，不敢告诉父母，更不敢报警，只能一味地接受对方一次又一次的伤害，最终造成更大的伤害。女儿，你一定要记住，受到伤害第一时间就要告诉父母并报警，坚决避免坏人对自己造成二次伤害。

女儿，为了防止有一天，人性恶的一面打得你措手不及，你一定要现在就学会应对。如果受到他人侵犯、恐吓，你要勇敢并坚决反抗。因为妈妈希望你是一个懂得反抗、懂得发声的人，而不是受到伤害只会沉默、低头和忍让的人。

第七章

防患于未然，坚决杜绝各种网络骗局

不要沉醉于各类网络游戏

女儿，你说想去棋盘山玩实弹射击，我有些意外，不知道你从什么时候开始，喜欢上这种激烈的游戏了。妈妈觉得这跟你这段时间玩的网络游戏有关吧。每当你放学回来就戴上耳机约上队友开始你的"游戏之旅"，甚至连饭都来不及吃。妈妈催你写作业，你就"砰"的一声把门关上，甚至晚上也玩到很晚，第二天起床怎么叫都不起来，好几次上学都迟到了。所以妈妈今天必须跟你谈谈"网络游戏"的事儿！

案例一：

小辉是一名高中生，平时特别喜欢玩网络游戏，尤其对游戏里酷炫的人物近乎痴迷，经常把生活费和零花钱用来购买"装备"。可装备越来越贵，父母给的钱根本就不够，小辉还是个学生，也没有其他收入。一直想凑齐装备的小辉像是着了魔一般，最终禁不住诱惑的小辉，模仿游戏里的场景，产生了绑架勒索钱财的想法。徘徊了许久之后，小辉对网吧附近的一名10岁小男孩进行诱骗绑架，由于害怕男孩的叫喊被人发现，小辉用手捂住男孩的嘴，拿砖块猛砸小孩的头部。由于害怕便将砸昏后的小男孩扔进了水井里。小辉开始给小男孩的父亲打电话、发短信，以绑架为名，向小男孩的父亲勒索赎金人民币5万元。男孩的父亲报了警，很快小辉便被公安机关捉拿归案。因为沉迷网络游戏，葬送了一条无辜的生命，也毁了小辉的一生。

案例二：

小洁是一个品学兼优的好学生，在班里担任班长一职，可是最近的小洁总是迷迷糊糊的，像是没睡好。原来小洁最近迷上了一款网络游戏，放了学就往网吧跑，甚至有时候都忘记吃饭。每当上课的时候，小洁还经常想起游戏里的内容，经常走神，导致成绩直线下降。随着网瘾越来越大，放学的时间根本满足不了小洁，于是小洁跟妈妈撒谎说到同学家住，其实晚上是在网吧通宵玩游戏，网瘾让小洁不再是那个懂事的孩子，她还多次跟老师请假说家里有事不能去上学。后来老师越发觉得不对，联系了小洁的父母。这才知道，原来小洁沉迷网络游戏，经常去网吧上网。小洁的父母得知后十分生气，与老师跑遍了附近的网吧才把小洁"抓"回家。在受到父母的教育之后小洁并没有迷途知返。晚上她把自己关在房间，父母以为她想通了，便回房间睡觉了。谁料小洁把窗帘绑在一起，拴在桌子上，想从三楼窗户爬下去，结果窗帘断裂，小洁摔折了腿。

女儿，网络是一把双刃剑，一方面可以丰富我们的知识，改善我们的生活，成为我们学习、生活的好帮手。另一方面，如果我们沉迷于网络游戏，不但会严重影响学习，还会对我们的正常生活产生极其不良的影响。所以，妈妈想跟你说，对于网络这个工具，你的选择决定了你有一个什么样的未来。

女儿，为了让你正视网络游戏，不成为一名网瘾少女，妈妈必须跟你讲一讲网络游戏的弊端。

1.严重影响身体健康。医学上也曾经鉴定过，长时间沉溺网络游戏会让人产生精神依赖，导致神经紊乱，体内激素分泌失衡。严重者会使人免疫功能降低，会造成头痛、焦虑、忧郁等症状，甚至有人由于长时间不间断地打游戏还造成了猝死现象。

2.严重影响学习。网络游戏会分散你大部分的注意力，一旦沉迷网络游戏，你就根本没心思听课。而且因为玩游戏的时间太多，睡眠不足也会导致注意力不集中，上课学习效率太差，课后的复习时间都用在游戏上，成绩自然会严重下降。部分网络游戏也会使人着迷，逐步使人丧失学习的心思与动力。

3.引诱青少年走向犯罪。因为青少年心理发育还不够成熟，行为自控能力也比较弱，容易被网络游戏中的那些暴力、色情的情节影响，进一步影响你们的潜意识。而且青少年的收入有限，很容易像故事里的小辉一样因此走向犯罪。

4.严重影响心理健康。沉迷网络游戏会让人缺乏沟通和人际交流，会让人把虚拟世界当成现实生活，思想和情感都会与现实生活脱节，很容易使青少年变得自我封闭。甚至一旦回到实际生活中，会觉得无所适从，会使青少年在现实的困难与挫折面前一味地选择逃避、退缩。

女儿，你每次玩游戏的时候是不是都会看到一些"适当游戏益脑，沉迷游戏伤身"之类的话。因为游戏其实是一种消遣娱乐，适度玩游戏可以用来释放工作学习中的一些压力。人要学会去找到有意义的人生价值，正确看待游戏的本

质。毕竟网络游戏是虚拟的，而我们是活在现实世界里的，希望你能放下游戏，把时间投入到学习中。

以成熟的心态面对网络消费

女儿，现在玩网络游戏时买装备和给主播打赏刷礼物之类的事情，早已不是什么新鲜事。现在手机、电脑等电子产品已经普及，也成为娱乐的首选工具，而上网课又让孩子们获得了长时间占有手机等电子产品的官方理由。于是，未成年人网络巨款消费事件越来越多了。

什么是网络消费？你们女孩子网络消费的主要内容是什么？又为什么喜欢网络消费呢？其实，网络消费就是指人们以互联网络为工具手段而实现其自身需要的满足过程。一般来说，网络消费分为三种形式：以网上订购或支付的方式购买现实商品的实物消费；为了参与网络娱乐项目而以购买虚拟货币、点卡等方式进行的虚拟物品消费；以银行或手机账户等方式向网络企业购买自己所需要的服务消费，如手机铃声、付费资源等。这三种网络消费形式也是你们女孩子网络消费的主要形式，尤其是虚拟物品消费。

你们女孩子之所以喜欢在网络上消费，原因大概有以下几种：

网络上的收费项目很有趣，觉得十分新颖好玩；

现实生活乏味，网络消费能让自己进入丰富有趣的虚拟世界；

受周围朋友或同学的影响，觉得网络消费非常新潮、时尚；

妈妈有网络消费的习惯，女儿受其影响；

网络消费方便、快捷，可以省去很多现实中的烦琐程序；

……

不过，妈妈也担忧，网络消费虽然能够满足你的某些需求，但很多时候网络消费没有节制，而且很容易沉溺其中，不但会造成金钱的浪费，还会影响你的正常生活。

因此，妈妈必须引导你正确的网络消费行为。

正确的网络消费方向

这天，妈妈看到女儿正在和同学进行QQ聊天："我QGG病了，求求你，快帮我救救它！""买Q币救它吧，我刚才也是，还花4元钱买了一颗还魂丹给它吃，现在后悔了！"妈妈顿时就被这场治病救人的对话弄得一头雾水，于是连忙问女儿是怎么回事，女儿说："妈妈，您真落后，QGG是QQ宠物，虽然是网络虚拟的宠物，但它每天也要吃东西、洗澡、看医生，对了，它还能帮我打工呢……""那这些消费都要通过Q币来实现吧！""没错，不过，Q币需要真实的钱购买，最近我都把零用钱和早饭钱省下来投资到QGG上了！"妈妈想了一下对女儿说："妈妈不反对你养QQ宠物，不过早饭一定要吃，你的身体健康很重要，还有这些虚拟宠物其实都被网络厂家设定好了，他们会想尽办法让你把钱都花在宠物上……"女儿说："妈妈，您说得很有道理，我的QQ宠物经常生病，太费钱了。您放心，我就是一时好奇和新鲜，过两天我就不玩儿了。我还想攒钱在网上团购一个学习机呢!"几天之后，女儿果然不再玩儿了。

女儿，现在网络消费是我们生活中不可缺少的生活方式，它不但影响着成年人的生活，很多青少年也成了网购达人。据调查显示，有70%的青少年网络消费的目的性并不强，你们往往没有自己的网络消费计划，而是想买就买，而且更多的偏向于那些虚拟的物品，像QQ秀、QQ农场、游戏装备等，这些虚拟的网络消费很容易助长你们的浪费、懒惰等不良行为。

要以冷静、平和的心态面对网络消费

一位妈妈忧虑地在自己的网络日志中写道：

我女儿16岁了，是一名高一的学生，她最近迷上了一款需充值后才可继续升级的网络游戏。几天前，女儿偷偷用我的网银充值买了游戏装备。后来，我发现后便问女儿，支支吾吾的女儿在我严厉的逼问下交代了事情的经过。我一气之下就大声责骂了女儿。谁知，女儿竟然跑到爷爷家，将爷爷家存放的各种药吃了个遍。不久她就开始恶心、呕吐，幸好被我们及时送往医院救治，否则生命就会有危险。这下我真的不知道以后该怎么教育她了。

女儿，网络消费是一种正常的、重要的、应该掌握的消费方式。当然，网络消费毕竟关系到怎么花钱的问题，网络消费已经成为一种趋势，妈妈要做的就是让你能形成一种成熟的消费理念，不让你在网络消费中吃亏上当。

1.将消费分成必要、需要、想要。按照消费行为，大致上可以把消费行为分成三种类型，即想要、需要、必要。必要是为了满足基本的生存需要而进行的消费；需要是为了提升自身质量而进行的消费；想要则是为了让自己的生活更舒适的消费行为，通常想要的花费是可有可无的。

2.要量入为出。在选购商品时不要完全凭借自己的喜好，一定量力而为，评估购买与否，并且将消费需求分成必要、需要、想要，甚至在挑选商品时，考虑一下家里的经济条件，如果不是必需品，要能省则省，进而学习同理心和取舍。

莫陷入网络聊天不能自拔

女儿，妈妈听说有一个女孩子跟网友网恋因为失恋而服药自杀了。还好同学发现得早，及时把她送到医院，这才救回她的命。妈妈发现青春期的孩子因为好奇都喜欢在网上探索"新世界"。但是，网上形形色色的人太多，稍有不慎，就容易被伤害。所以妈妈今天就想跟你聊一聊网络聊天的那些事儿。

案例一：

小雅是一名学生，随着青春期的到来，小雅变得十分叛逆。她觉得父母特别老土，根本不懂她的世界，觉得他们之间没有一点儿共同语言。为了寻找"共同话题"，小雅经常在网上跟陌生人聊天。最近，小雅跟新认识的网友小刚聊得十分投缘，小雅觉得自己终于找到了知己。有什么话都跟小刚说，有一天小雅跟小刚说想逃离这个家，逃离学校，不想再上学了，想出去打工挣钱，过自己想要的生活。小刚表示十分赞成，得到小刚认可的小雅十分开心，便开始跟小刚规划起来。当晚小雅便偷偷地收拾了一些衣物，第二天便来到了跟小刚约定的地点。不过见到小刚后的小雅有些后悔了，小雅发现他长得跟之前发给自己的照片有点儿不一样，比照片胖好多，一点儿都不帅，小雅开始打起退堂鼓。小刚由于怕小雅改变主意，便开始竭尽所能地给她描绘外面的世界多么美好，同时表示自己一定会带给她向往的生活。但小雅并没有过上向往的生活，还耽误了学业。网络是复杂的，一定要擦亮眼睛分辨。

案例二：

小君是个小财迷，每年春节收到的红包她从来不给父母，自己还做假期工挣钱。业余时间除了研究兼职，就是研究怎么挣钱，朋友都夸小君小小年纪特别有经济头脑，小君听到这些夸奖更是飘飘然了。小君心想："我的目标可不是这些小钱，我可是个挣大钱的人！"网络的兴起让小君很开心，因为她可以通过网络获得很多消息，来帮助她挣更多的钱。这两天小君在网上加了个自称是理财训练营老师的好友，两人聊得热火朝天。小君听着"老师"专业的建议，瞬间觉得自己能一夜暴富，可是这个资金去哪里找呢？于是"老师"给小君提了个"建议"——借。随后他就给小君推荐了几个网贷软件，小君一共借了一万元钱，开始跟"老师"投资挣钱。几天以后小君就收到了丰厚的利息，这让小君十分兴奋。小君开始幻想着能挣更多的钱，开心极了。没两天，网上的"老师"又找到了小君，跟她说现在有一个特别好的项目，只要投入五万零八百，就能得到相当丰厚的回报，小君再次动了心。拿了妈妈手机说想玩会儿游戏，然后偷偷地转走了妈妈六万块钱，顺便清除了记录，本想着挣足了钱就偷偷还给妈妈。就这样过了一个礼拜，发生了一件"奇怪"的事。"老师"给的平台，怎么也登不上去了，这可急坏了小君，赶紧上网给"老师"发消息，不过却发现对方早已经把自己拉入了黑名单，小君这才反应过来，自己遇到网络诈骗了，于是她赶紧告诉妈妈并报了案，幸好报案及时追回了损失。

女儿，网络很复杂，就连爸爸妈妈都要留意那些形形色色的骗局，更别说是你们这些还没有接触社会的小孩子。像小君这样只是被骗了一些钱，钱没了还可以再挣，可是像小雅那样，造成了一辈子的心理阴影，那可是用多少钱都无法

弥补的。

女儿，有些网络聊天就像是一双手，拉着你在岔路上越走越远。所以，今天我要跟你说网络聊天的坏处，希望你记住。

1.影响三观。青春期已经有了基础的世界观、人生观和价值观，但是并不稳定，很容易被外界和他人影响，容易被扭曲。通过网络聊天认识的朋友缺乏现实中的相处，不能客观进行辨别与了解，极容易与心术不正的人接触。通过聊天他们扭曲的三观会进一步影响或传达给你。妈妈想你也不想日后成为一个三观不正的人吧。

2.容易被骗财。网络诈骗种类繁多，有很多不法分子看你们单纯，社会经验少，容易相信别人，因此你们很容易成为他们所诈骗的对象。被人忽悠借网贷，网络赌博等骗局也会层出不穷。他们惯用的套路就是冒充同龄人进行网络聊天，一步一步把你带入骗局。

3.容易被骗色。现实生活中，有很多心术不正的人利用网络把矛头伸向青春期的少女。他们一般会借助网络聊天的便利，花言巧语地哄骗女孩子，而青春期的女孩多年少懵懂，很容易上当受骗，成为他们的"猎物"。

4.严重时会有生命安全。还有很多不法分子会利用网络的便利和青春期的懵懂无知，进行他们的不法行为，严重危害青春期少女的人身安全。

女儿，以前科技不发达，没有手机，没有电脑，但是那个时候相对安全。现在网络发达了，危险的因素也逐渐增加了，我们只有不断地学习和丰富自己的内心，才能够在骗局来临的时候保持清醒的头脑。网络聊天的对面是一个你从不了解的人，他的性格，他的经历，你一无所知。所以，减少网络聊天，远离网络聊天，更不要陷入网络聊天无法自拔。

说说网络骗局这些事

女儿，这两天我发现你跟倩倩神神秘秘的不知道在干什么，还和我要了五百块钱。我问你干什么用，你就说让我等你的好消息，说什么抓住时代的红利，挖掘学生时代的第一桶金。我提醒你现在的任务是学习，你嘴上答应着又跑回房间了。妈妈觉得，我非常有必要跟你说说网络骗局这些事，不然你这第一桶金非常容易变成第一笔债。

杨悦是一个孝顺的孩子，平时放学经常到爸爸妈妈的蔬菜摊帮忙。她深知父母挣钱的不容易，所以自己平时也经常做一些兼职，一来是为父母减轻压力，二来也当是社会实践了。最近班里掀起了一股"刷单风"，吸引了杨悦的眼球。随后她赶紧跟同学要了做任务的平台，很快就有一个客服加她，并给她发来招聘文案。上面写着：招在校学生，宝妈兼职，为店铺刷好评，冲销量，一单一结，日入120~270元。杨悦看着日收入十分可观，心里非常高兴，赶紧咨询要怎么做。客服声称十分简单，她会发给杨悦一个链接，杨悦正常拍下，商家不发货，但是需要杨悦垫付商品钱。客服承诺拍下五分钟之后，后台显示成交就把商品总价和佣金转给杨悦，杨悦一听需要垫付有些犹豫。客服随后跟她说："我们都是大公司，大平台，请您务必放心，如果您不放心，可以先做一单了解一下。"杨悦觉得可以试一试，便让客服给她发了一个商品链接，客服告诉她拍下之后先不要付款，因为刷单被查出来是要罚商家钱的，随后给杨悦发了一个二维码，让杨悦拍完之后扫码付款，杨悦按照客服的要求做完了第一单，垫付了80元，提交完订单，客服跟她要了收款码，不一会儿85元就到账了。杨悦一看平台确实真实有效，而且这一会儿动动手指就挣了五块钱，十分简单。这样算一下，一天赚个二三百也不成问题。客服问她还要不要继续做单，杨悦赶紧说要做，客服就给她派了单子。杨悦做完了第一个垫付300元的和第二个垫付500元的便没钱了，可单子都交上去了，钱却一直没到。杨悦就问客服是怎么回事儿，客服说，杨悦接的单子，三个为一单，得三个全拍下才能结算。
杨悦说自己没钱了，让客服先给她结算那个800元的再继续
做。客服却一边说自己没有权限，一边怂恿杨悦借钱把第三
单做完。单纯的杨悦此时还没有觉得自己被骗，赶紧找朋友
借了1000元。可她接到的第三单是一个手机单，需要她垫付
3000元，杨悦隐隐约约感觉不对，但是一想到第三单不刷，
自己的800块钱就要打水漂，急忙又向表姐借了2000元。拿
到钱的杨悦赶紧做了第三单，可是做完好久还是没有收到打
款，杨悦急了，赶紧找客服问为什么没有打款。客服说杨悦
做的第三单超时了，需要重新做一单激活才能结算，杨悦这

才反应过来被骗了。想到自己不但没挣到钱，还借了3000元钱，不知该如何跟父母交代的杨悦，失声痛哭了起来。

女儿，社会发展迅速，网络骗局比社会发展更迅速。他们不断推陈出新，专门骗没有社会经验的你们。你之前到肯德基做小时工妈妈都是支持的，但是你要清楚，兼职的主要目的是增加社会经验，而不是挣钱，你应该把全部精力放在学习上，等你毕业后，再全身心投入到工作中去挣钱。

女儿，你可能还不够清晰到底有哪些网络骗局，下面妈妈就跟你说说比较经典的网络骗局，以及如何防范网络骗局。

了解网络骗局

1.网络刷单骗局。像杨悦那种情况，就是典型的网络刷单骗局，也是你们学生最容易上当的一种。

2.考试骗局。骗子了解你们对学历的需求，所以会以"提供考试题和答案，帮助免考入校、改分"等理由骗取你们的钱财。

3.冒充熟人骗钱骗局。骗子会盗取你朋友的QQ或者微信，然后以各种借口向你借钱或者请你帮忙充值等，遇见这种情况一定要第一时间打电话核实，不能盲目转账。

4.假冒银行钓鱼网站骗局。骗子做好跟银行一模一样的假网站，如果你们在钓鱼网站上输入了银行账号和密码等个人信息，骗子轻易就能转走你们账号里的钱。

5.中奖骗局。骗子会骗你说你中了笔记本电脑或者其他的奖品，然后会留下客服的联系方式，以收取高额快递费、提前支付手续费等为理由骗钱。

6.贷款骗局。骗子会说可以给你提供低门槛的贷款服务，以低利率帮你申请贷款，然后以手续费、保证金、押金等这些理由骗你的钱。

如何防范网络骗局

1.一定守住个人信息！你的身份证、银行卡、支付密码这些个人信息不要存在手机里，也绝对不给陌生人提供你的任何个人信息。尤其是手机验证码。

2.必须做到五个"不"。①绝不向陌生账号汇款；②绝不连接陌生的WiFi；③绝不向别人透露短信验证码；④绝不轻易点击不明链接；⑤绝不能轻易相信各种网络交友。

3.摆正心态。这也是最重要的一点，就是不能贪小便宜，更不要妄想能一夜暴富。

女儿，俗话说得好："天上掉馅饼，必定有陷阱。"带着投机取巧的心态去做事，带着一夜暴富的想法去挣钱，最终只能交智商税。所以女儿，知己知彼才能百战百胜，用心了解网络骗局，才能防范网络骗局。

不跟风，网络直播伤不起

女儿，我最近关注了你的抖音账号，我发现你的业余时间好像都在拍短视频。有一些视频还好，但是有的视频我觉得过于成熟，不太符合你的年龄。而且记得有一次我们一家人吃饭，爸爸问你以后择业有什么想法的时候，你说你要当个"网红"。还说希望赶紧放假，自己也开直播赚钱，这让我们非常担心，所以今天妈妈就跟你说说"网络直播"的那些事。

案例一：

金月最近迷上了网络直播，看着屏幕里的女主播只需要穿着好看的衣服撒撒娇，卖卖萌，唱几首歌，就有人给刷礼物。金月十分动心，想着自己如果也能像她们一样唱唱歌就能挣很多钱，就觉得上学根本没用。在朋友的介绍下，金月背着父母签了一家直播公司，公司答应金月一定会尽力捧红她。第一天直播，金月就打扮得美美地上播了，播了不一会儿，就有一个粉丝留言："主播穿那么多不热吗？换个短裙哥哥给你刷游艇！"看着粉丝的留言，金月内心十分挣扎，又想挣钱又觉得自己还是个学生穿短裙有点儿过于暴露。但是一想到礼物，金月还是咬牙换上了短裙，粉丝确实兑现了承诺，给她刷了一艘游艇。收到礼物的金月感受到莫大的鼓舞，之后一段时间的直播，她也开始学着之前看到的其他主播，捏着嗓子感谢这个哥哥送来的"游艇"，那个哥哥送来的"飞机"。金月再也没有了最初的矜持，为了让粉丝给她刷礼物，她的衣领越来越低，裙子也越来越短，甚至粉丝的一些"特殊要求"她也都一一满足。就这样播了一个多月，金月挣到了人生的第一桶金，金月拿着钱跟父母说自己直播可以挣很多钱，不想再上学了。她的父母怎么能同意，可是任凭父母怎么劝说，她都一意孤行。就这样金月自己办理了休学，一门心思地做起了主播。可是好景不长，因为她没有什么特别的才艺，裙子也没法再短，再没有粉丝给她刷礼物了，这可急坏了金月，有一天她收到了一条私信，是以前给她刷了很多礼物的一个粉丝，粉丝提出愿意继续给她刷礼物，条件是让金月"陪他一晚"。看着这四个字，金月迷茫了，让她做这种事她是一定不愿意的，但是现在的她已经习惯了这种挣快钱的方式，她不知道自己还能干什么，一刹那，金月突然后悔自己的决定。

案例二：

张宇是一名高中生，学习成绩很好，业余时间，张宇特别喜欢玩游戏。而且玩得还不错，经常有同学想跟他一起组队，因为跟他组队的胜算会大很多，同学都管张宇叫"大神"。因为他不但学习好，游戏玩得也好。有一天张宇刷抖音，刷到了一个叫苏晗的游戏主播，看着直播间那么多人喜欢看他打游戏，说他枪法准。赢了的时候，他的粉丝还给他刷"嘉年华""大游轮"。看着这钱挣得这么容易，张宇也动了直播的念头。张宇当机立断，去电脑城买了声卡和麦克风等一系列的配套用品，准备开始他的直播首秀。当天他就开始了直播，但是来看直播的都是同学和朋友，就算他赢了也没有人给他刷礼物，但是同学们的赞美还是让张宇十分得意。为了等到礼物，张宇播了好几个小时，手指和眼睛都疲惫不堪，他也第一次觉得，玩游戏有点儿恶心。因为晚上一直在直播，第二天疲惫的张宇根本没心思听课，一直在补觉，就这样"三天打鱼两天晒网"地播了一个月，没挣着钱还搭了不少钱的张宇终于坚持不住了。可是这一个月他落下不少课程，在期末考试的时候他的成绩从全班前十名滑到了二十多名，张宇后悔不已，庆幸的是他改正得及时，一切都还来得及补救。

女儿，妈妈曾经跟你说过，君子爱财，取之有道。如果靠穿短裙、穿低胸的衣服，靠讨好别人，你觉得这个钱挣得有意义吗？网络直播不乏真才实学的人，但也有低俗献媚、

感谢哥哥
送的礼物

不学无术的。所以妈妈希望你能正确看待自己。网络直播中
有很多负面问题，妈妈大概来跟你说一说。

　　1.价值观扭曲。网络直播经常会传达出极端的个人主
义和夸张的享乐主义，还有毫不掩饰的拜金主义。让"炫

富""整容""高富帅、白富美"这些词过早地植入到你们的思想中，这会对你们的价值观产生严重的冲击，甚至会扭曲你们的价值观。

2.直播打赏引发错误的金钱观。你们觉得直播打赏就能赚钱，而且来钱快，就会错误地认为赚钱很简单。它打破了自古以来劳动创造价值的不变定律，让人变得不再为了产生价值而劳动，甚至有些人会为了获取更多的金钱而出卖自己的身体和灵魂。

3."成人化"的交流方式不适合你。在直播过程中，除了打赏，还会有很多人对主播进行各种语言上的调侃和挑逗，甚至说一些很肮脏下流的话。在这样的环境里待久了，对你今后的学习和生活都会有或多或少的影响。

4.乱象丛生。网络直播很多是正能量的，但也有一些主播会用一些非常极端的表达方式，出口成"脏"，这些主播不以骂人为耻，反以为荣。还有一些主播随意散布虚假信息，做出恶意诽谤、炒作、色诱等行为。

"网络性格"要不得

女儿，你上次微信登录不上，用妈妈微信加了你的同学，于是我们三个就成了共同好友。昨天妈妈看到那个女孩发了一张最近特别火的男明星露着胸膛的照片，你的评论让妈妈很是难过，你居然说"好想当他的女人，如果不能当女人，当女仆也可以"，还发了个色色的表情。在妈妈的心里，你一直是一个单纯内敛的女孩，对于你在网络上如此"奔放"的言论，妈妈真是吓了一跳。所以妈妈今天必须跟你说说"网络性格"。

小震是一名高中生，来自农村的他内心有些自卑，所以性格也比较内向。最近小震经常在网上玩游戏，跟网友聊天，这种相处方式让他觉得十分自在，因为没有人知道他来自哪里，也不用面对对方的表情，他可以畅所欲言，平时不敢说的，不能说的，他都可以跟网友说。有一次在游戏里，他带一个女孩子赢得了冠军，女孩子夸赞道："你打游戏好厉害啊，而且你声音也很好听，本人一定超帅的。"在现实生活中很少得到别人认可的小震在网络中得到了前所未有的满足，他越来越放得开，经常跟不同的人聊天，发表自己的意见和看法，在得到别人夸赞的时候，小震觉得自己是个特别有思想的人。现实中小震认为同学朋友根本不能理解他的世界，只有网上的朋友才懂他，这使得小震更加封闭自己的内心，变得更加内向。慢慢地，小震对班级里的所有事都表现得很冷漠，以前他虽然内向，但是偶尔也参与到集体中，但现在的他开始抵触校园生活，对学习失去了兴趣，他开始逃学。父母知道了小震的变化，希望能跟小震聊一聊，但是小震根本不愿意跟他们对话，网络性格使小震跟现实生活格格不入，小震的父母很是伤心，不知道小震的未来该何去何从。

女儿，虚拟网络确实能够轻易满足我们在现实中无法实现的愿望。然而成年人自制力强，可以分清虚拟与现实，但是你们却往往在虚拟的世界找到了存在感，满足自己的内心需求并会沉迷其中。可是这种存在感在现实生活中很难实现，这样时间长了，就会形成"网络性格"，你就会更加沉溺于虚拟世界中，越来越觉得现实不适合你，最终你也会渐渐被现实所抛弃。

女儿，这种以网络为中介的交流，让人的性格脱离现实而产生异化，形成"网络性格"，严重影响你们的正常学习和生活。所以你必须清楚"网络性格"的危害。

1.双重人格。女儿，因为网络是虚拟的，在网上你们可以凭空想象出自己希望的、感兴趣的或者好奇的性格来跟别人交流，就好像自己现实生活中也是这种性格一样。但是时间长了，这种"网络性格"一旦固定下来，就会形成潜意识，做出让现实性格也觉得不可思议的事儿，时间长了就会变成双重人格，严重了更容易造成人格分裂。

2.难以融入社会。有些人在现实生活中找不到属于自己的天地，害怕受到伤害，担心没有人愿意真诚地听他诉说。然而在虚拟网络中，一切都是陌生的，仿佛有很多人愿意和你交流，并且愿意作你的忠实听众。在虚拟世界中你仿佛找到了属于自己的天地，感觉你拥有很多，内心的渴望也因

此得到满足，所以你会完全打开心扉，畅谈心声。但是一旦回到现实生活中，你就会变得很茫然，不知道怎么跟别人相处，难以融入现实社会。

女儿，网络性格让人难以在虚拟世界和现实世界间进行时间分配和角色切换，造成你们生活空间和网络空间边界模糊，"真我"和"网络中的我"关系复杂难清，你们很容易走进网络世界，却很难走出来，因此难以回到现实生活中。更有一些人沉溺其中，严重影响了正常的学习、工作和生活，甚至酿成了一些家庭悲剧。所以切记，一定不要养成"网络性格"，因为我们最终还是要活在现实世界里。

不要相信天上会掉馅饼

女儿，昨天你兴冲冲地跑过来，告诉我天上掉馅饼砸到你头上了。我还以为你买彩票中奖了，结果你把手机给我一看，原来你是被天上掉下来的骗局砸到头上了。短信里说：你成为他们某个活动的幸运者，获得笔记本电脑一台，还附了链接。还好你告诉妈妈了，才没有被骗。所以妈妈今天必须跟你说说"天上掉馅饼"这件事儿！

案例一：

李婷是一名高中生，有一天李婷正常放学回家，刚走到一半，就遇见了一个老爷爷。老爷爷问李婷有没有捡到一个金手镯，说他的儿媳妇和儿子吵架，不小心把金手镯丢在了这附近。李婷摇了摇头说并没有看到，便继续往前走。走到一半，就看见一个男人在地上捡起了一个金手镯，男子看到李婷发现自己捡金镯子，就跟李婷说："这里就咱俩，你也看见我捡了，'见面分一半'，这金镯子咱俩人一人一半，李婷一听给自己一半金镯子，那得不少钱呢。在金钱的诱惑下，李婷跟着男子走进了附近的一个小巷子里。男子跟李婷说自己身上没带那么多现金，让李婷暂时保管金手镯，他回家取了现金后马上回来。并跟李婷说，怕她自己独吞了金镯子，要暂时拿李婷的手机压在自己这里，李婷一想金手镯肯定比手机值钱啊，谁还会要她的手机不要金手镯啊。于是李婷就把手机给了男子，自己拿着金手镯等着男子回来。可是左等右等，都没有等到男子回来，这时李婷才猛然惊醒，自己不会是被骗了吧！李婷赶紧跑回家，给自己的手机打电话，可是手机已经关机了，而金手镯的检验结果也出来了，这个金镯子是假的。李婷懊悔不已，恨自己不应该相信天上会掉馅饼，为了个假金镯子，新手机被骗了。

案例二：

有一天刘谦在放学回家的路上捡到了一个信封，信封里有一张中国银行的储蓄卡和一封信。信上的内容大概就是一个工程承包商感谢一个叫王经理的人，谢谢他把工程给他做，卡里是他表示谢意的"感谢费"，30万。上面还写着取款密码，刘谦想，这可能是谁不小心掉落的，但转念一想，卡里有钱还有密码，自己不就跟中彩票一样吗。刘谦十分兴奋，赶紧去了取款机。输入了密码后，却显示无此功能，刘谦随后就给卡背后的"银行客服"打了电话。客服说这张卡有5000元的滞纳金，交完滞纳金就可以随意存取了。可刘谦手里只有1000元，想着5000元钱就能取出30万，刘谦赶紧去找朋友想凑齐5000元来激活这张卡。于是他找到了自己最好的朋友，刘谦朋友听他说完觉得事情十分蹊跷，怀疑是骗子的新型作案手法，让刘谦到柜台问问再说，以免引起不必要的损失。听了朋友的话，刘谦也冷静了下来，赶紧到银行柜台询问，结果柜台人员告诉他，这张卡是假的，而且客服电话也是假的。最近好多人都收到了同样的卡，这是一个新型骗局，告诉刘谦一定不能上当，刘谦十分庆幸朋友点醒了自己，果然没有天上掉馅饼的好事儿。

女儿，没有人会无缘无故地给你好处，天上掉馅饼大多时候都是骗局。这世上有时候付出和收获都不成正比，又怎么可能有那么多"不劳而获"的好事儿。有句歌词写得很好："世界都在你脚下，命运都在你手中"，你要永远记住，天上不会掉馅饼！

女儿，让妈妈来告诉你，分分钟看穿"馅饼"背后的陷阱。

1.中奖"馅饼"。如果你收到短信，说你中了什么奖，需要你点开链接，输入验证码，不要犹豫，删除短信。

2.金钱"馅饼"。像李婷和刘谦这种，好像在马路上捡钱一样的事儿，不要相信。记住，别人给钱你都不能要，因为一定有另一个骗局在等着你。

3.小付出，高回报"馅饼"。如果有人承诺你，只需要拿一小部分钱投资，就能得到巨大收益，不用动心，她看中的就是你的本金，一定会把你骗得团团转。

女儿，东野圭吾在《时生》里说："梦总是突然醒的，就像泡沫一般，越吹越大，最后啪地破灭，什么也没有，除了空虚。"没有脚踏实地建立起来的东西，就无法形成精神和物质上的支撑。成功，不是轻易就能做到的；财富，更不是大风刮来的。这所有的一切，都是通过自己的奋斗而来的，所以在该努力的年龄，不要相信天上会掉馅饼，而是应该好好打拼，给自己一个合格的答卷，给人生一个满意的交付。

陌生人的微信、二维码，要慎"加"、慎"扫"

女儿，妈妈昨天看到一个新闻，说有一个犯罪嫌疑人利用微信冒充公职人员诈骗学生的案件。这名犯罪嫌疑人通过添加陌生同学的微信，美其名曰是为学生办理助学金，实际上却以支付审核费为理由向同学索要380块钱，有很多同学因为社会经验少，轻信了骗子的谎言。好在犯罪嫌疑人已经被抓获，学生才挽回了经济损失，这则新闻也给妈妈敲响了警钟，所以今天妈妈就要跟你聊聊：不熟悉人的微信、QQ、二维码，一定要慎扫慎加。

小博是一名高二的学生，有一天小博的微信显示有人申请加他为好友，小博点开一看，显示是小博最近新加入的一个群里的朋友，在群里加了他的微信。小博心想都在一个群里，就同意了对方的添加请求，两个人没事儿就会聊聊天。女孩跟小博说，自己在很小的时候爸爸妈妈就到城里打工，不幸因为一场车祸意外去世了。自己是跟着爷爷奶奶长大的，到现在还一直生活在大山里。女孩说她非常向往城市的生活，小博十分同情女孩的经历，觉得她年少失去双亲十分可怜，所以经常陪女孩说话，鼓励她努力走出大山。有一天女孩说自己遇到了难事，小博询问之后，女孩说爷爷奶奶为了供她读书种了很多茶树，靠卖茶叶维持生计。可是今年茶叶滞销，没有钱她就不能继续读书了，女孩说希望小博能够帮帮她，小博想到爸爸也快过生日了，送他一些茶叶喝他应该会很开心。于是小博把自己攒了很久的两千块钱买了茶叶，买完茶叶过了好几天也没有收到货。小博便询问女孩，女孩说马上就会安排发货，还说自己最近要采茶，不能经常和小博聊天了。小博也没有多想，就这样过了一个月，小博仍然没有收到茶叶，他给女孩发微信询问怎么还不发货，结果却发现女孩把自己拉黑了，小博这才反应过来，自己被骗了。

　　女儿，像小博这样被骗的案例有非常多，还有一些加了陌生人的微信被拉入群聊，在群里购买地下彩票被骗钱的；还有在微商手中买衣服买鞋不发货被拉黑的，手段真是各式各样。所以我们一定要谨慎行事，正确地分析和判断对方的意图，才能不被骗子玩弄于股掌之中。

　　女儿，现在用微信和QQ的比较多，为了防止你上当受骗，妈妈就给你举几个常见的案例，希望你擦亮双眼，不轻易被骗。

　　1.客服返利"二维码"。妈妈知道你很喜欢网络购物，现在有很多骗子冒充客服人员，联系你说你之前购买的商品存在某种问题。为了弥补你们的过失，把货款赔偿给你，会发给你一个二维码，一旦你扫码并且输入自己的支付宝账号和密码，你的钱就会全部被骗光，那你攒的压岁钱和勤工俭学的钱就要进入骗子的口袋了。

2.兼职刷单"二维码"。你从初中开始就一直做兼职，妈妈也觉得你很上进，而且还增长社会经验，非常不错。但是现在有很多的刷单兼职专门骗你们这些想靠兼职挣钱的学生，这些刷单"兼职"，打着"足不出户、日入斗金""点点鼠标、轻松赚钱"的旗号实施网络电信诈骗。可一旦你扫了他们的二维码，卡里的钱就会被划走，所以切记，刷单兼职不可碰！

3.陌生人微信不要加！不认识的人微信加你不要轻易同意，现在有很多骗子，会冒充你的亲朋好友，他们用各种手段获得你的微信账号，加你好友之后，然后对你行骗，向你借钱，一旦你粗心大意没有打电话核实，就会掉入骗子的陷阱中。

4.在网上主动寻找朋友时要谨慎。通常，我们是可以通过以下这些去判断一个人是否可交，那些头像阴森古怪或者色情暴力，以及朋友圈充满了负能量的，都必须要远离，因为人的喜好会通过各种小细节表现出来的。当然，有的人可能会反其道而行之，故意使用或者发布吸引人的内容，可能一开始是有好感的，但是你还要继续观察，通过平时的沟通交流来更加深入地了解对方。

　　女儿，随着现代科技的飞速发展，我们的生活也有了极大的改善，但这无形之中也给了许多人利用高科技诈骗钱财的机会，正所谓骗子无处不在，手段数不胜数。所以，你一定要做到三不！那就是"不轻信""不转账""不透露个人信息"；陌生人的微信、QQ不加；不确定安全性的二维码不扫；收到的莫名链接不打开。杜绝各种网络骗局，保证人身财产安全。